高中语文课堂新样态探索

赵方勋◎著

吉林人民出版社

图书在版编目（CIP）数据

高中语文课堂新样态探索 / 赵方勋著. —长春：

吉林人民出版社，2023.11

ISBN 978-7-206-20506-4

Ⅰ．①高… Ⅱ．①赵… Ⅲ．①中学语文课－课堂教学

－教学研究－高中 Ⅳ．①G633.302

中国国家版本馆 CIP 数据核字（2023）第 226517 号

高中语文课堂新样态探索

GAOZHONG YUWEN KETANG XIN YANG TAI TANSUO

著　　者：赵方勋
责任编辑：金　鑫
出版发行：吉林人民出版社（长春市人民大街 7548 号　邮政编码：130022）
印　　刷：吉林省海德堡印务有限公司
开　　本：787mm×1092mm　　　　1/16
印　　张：10.25　　　　　　字　　数：138 千字
标准书号：ISBN 978-7-206-20506-4
版　　次：2024 年 4 月第 1 版　　印　　次：2024 年 4 月第 1 次印刷
定　　价：58.00 元

前言

　　随着科技的发展、社会的进步以及素质教育的推进和教育体制改革的不断深化，新课程标准对高中语文课堂教学提出了更高的要求。新课程理念认为语文教学是学生、教师和教材三者之间的对话，在课堂教学中要充分发挥学生的主体作用，调动学生学习的积极性。为此，高中语文教师在组织实施教学过程中，要不断地进行教学反思，不断提高教学的艺术性，创新教学模式，以新课程理念为指导，促进语文教学质量的提高。

　　素质教育的提出，推动了全新的素质教育、全面人才、以人为本等教育价值理念的形成。高中语文教学作为我国高中教学中的重要组成部分，在我国人才培养中发挥着重要的作用。素质教育理念的渗透加速了我国高中语文教育方式的转变，直接推动了高中语文教学内容的整合。改革的思想和内容在新的教材中表现得淋漓尽致，使得语文教学更加多元化和开放化。这些变化从根本上改变了传统的教学模式，使得高中语文教学逐渐向以学生为主，促进学生全面发展的方向发展。

　　本书从高中语文课堂教学出发，首先对高中语文课堂有效教学进行了详细论述，其次对高中语文课堂项目式教学、高中语文课堂合作学习教学、高中语文课堂自主学习教学进行分析与研究，最后探讨了高中语文课堂阅读及写作的教学创新。本书内容丰富、结构合理、思路清晰，能为高中语文教师开展课堂教学提供新思路。

在本书的撰写过程中，笔者参考和借鉴了部分学者和专家的研究成果，在此向其作者表示诚挚的谢意。由于知识水平有限，书中难免有疏漏与不妥之处，敬请广大读者批评指正。

目录

第一章　高中语文课堂教学

第一章　高中语文思维教学

第一节 语文教育教学的理念

所谓理念，是指人们观察问题、分析问题和解决问题所依据的原理和观念，或者说是原则和准则。语文教学的理念就是语文教学活动的指导思想和行为准则。

一、语文教育的人文关怀

语文教育的目的是促进个体身心的和谐发展，使个体的发展过程获得精神上的价值和人生上的意义。也就是说，个体通过语言上的学习和训练、文学上的熏陶和感染，不仅要获得各种知识和技能，还要体验各种深刻的情感，唤起自身的主体意识，从而追寻人生的意义，探寻人生的道路，形成独特的人生态度。我们把语文教育的这种功能称之为语文教育的人文关怀。

语文教育目标是整个基础教育目标的有机组成部分，对于培养德智体美劳全面发展的社会主义建设者和接班人具有重要的导向作用。语文作为一种兼具人文性和工具性的综合性学科，在人的发展过程中起着核心性的作用。同其他学科相比，语文教育除了要完成一般学科必须共同承担的智育任务之外，还要密切关注审美教育、人生观教育与人格教育，并以此作为自己的最高价值追求。语文学科这种人文关怀的功能是标示其学科独特性的根本要素，也是语文教育目标的最高追求。我们之所以把语文教育的人文关怀功能提到这么高的位置，一方面是因为对语文学科性质的深刻洞察，另一方面是因为对人的最终发展目标的深刻认识。人的发展的最高境界是精神上的自由和解放、人格上的完善与独立，而所有为此目的所进行的知识的学习、技能的训练、能力的获得及社会生活的实践等工具性行为都必须服从这一最高目的。要实现人作为发展手段的工具价值到作为发展目的的精神价值的飞跃，必须通过人文教育的洗礼。在现行基础教育体制中，语文教育只有自觉地承担起人文教育这一历史使命，把人文教育贯穿整个语文教育过程，关注人的精神世界的构建和人格的养成，才能为人的全面发展开辟道路。

二、语文教育目标的人文追求

人文关怀作为语文教育的最高目标，它不等同于技术操作层面的教学要求，而是着眼于语文教育根本性的价值导向。也就是说，人文关怀与现行的语文教育目标体系不属于同一层面的问题。前者植根于语文教育本体论，后者立足于语文教育方法论；前者制约语文教育的根本价值取向，后者决定语文教育实践的进程与开展。因此，人文关怀不可能以技术化、操作化的方式单独地起作用，它只能以精神导引的方式进入语文教育目标体系，通过影响语文教育目标系统的内在调节与协作间接地发挥作用。

要想坚持语文教育的人文精神的价值取向，那么，语文教育的德育目标除了重视传统的政治品质、思想品质、道德品质、个性心理品质等发展目标之外，还要关注人的主体性发展、人格的完善、精神生活的和谐。在智育目标上，除了重视传统的知识、能力、智力发展之外，还要注意智力与非智力因素的协调发展、情感陶冶与生命体验。在美育目标上，除了重视传统的审美知识、审美能力的发展目标之外，还要尊重个体的审美经验、审美感受，激发个体的审美想象、审美创造，以及倡导对人生的审美观照和对人格的审美塑造。也就是说，人文关怀是一切语文教育手段与工具的灵魂，人的精神发展是所有操作性目标的最终归宿。

语文教育的人文关怀目标不是空洞的口号，它既具有悠久的精神价值传统，又具有生动具体的时代内涵。作为一种优良的文化传统，它孕育了生生不息的人类文明；作为一种新兴的社会思潮，它发出了振聋发聩的时代呼声。我国文学评论家吴宓提出的文学教育八个方面的作用，可以作为传统语文教育人文关怀目标的历史性总结：涵养心性、培植道德，通晓人情、洞悉世事，表现国民性，增长爱国心，确定政策，转移风俗，造成大同世界，促进真正文明。

我们把新时代的人文精神的内涵概括为八个方面，即人格健康、高创造力、主体意识、求实求真、乐于竞争与善于合作、个性和谐、乐观开放、热爱生活。这八个方面是新价值观的具体体现，也是未来人才培养的方向和标准。以此为基础，语文教育的人文价值应包含以下几个方面：

第一，引导学生走近生活、观察社会、体悟人生，帮助他们养成乐观开放、乐于竞争与合作的人生态度。

第二，培养学生的人文品质，继承民族优秀传统文化，汲取现代文化精髓，积淀文化底蕴。

第三，陶冶学生的情操，启迪学生的悟性，培养学生的批判思维和创新思维，培养学生健全、独立的人格。

第四，培养学生的主体意识，确立学生在教学过程中的主体地位，发挥学生学习的主动性、能动性与创造性。

三、语文教育的个性发展

（一）语文教育个性发展的内涵

人的发展的核心是个性的和谐发展。语文教育在学生的良好个性的形成与发展中扮演着主导性角色。

1. 个性是完整的，创造力、想象力等品质是个性健全发展的表现

把一个人在体力、智力、情绪、伦理各方面的因素综合起来，使其成为一个完善的人，这就是对教育基本目的的一个广义的定义。因此，个性是道德、体力、智力、审美意识、敏感性、精神价值等品质的综合，是一种"复合体"，不能把某一种或某几种品质从完整的人分离出来孤立地培养。所以，为了培养人的想象力和创造性，应首先培养"自由的人"。因此，教师应该向学生提供一切可能的美学、艺术、体育、科学、文化和社会方面的发现和实验机会，而不应该局限于短期的功利需求。

2. 个性是独立的、具体的、特殊的

尽管个性的发展离不开与他人的交往，但每一个人都首先具有内在的独立性。每一个人都有其独特的发展史，因此，每一个人都是具体的、特殊的。

3. 个性发展是一个无止境的完善过程

人和其他生物的一个重要区别是人的"未完成性"，即人的生存是一个无止境的完善过程和学习过程。终身学习不只是社会要求，也是个性发展的内在需求。由此看来，追求学习者的个性发展是世界教育改革或课程变革的重要趋势。

从本原上看，每一个性都是完整的，亦是独立的、具体的、特殊的。因此，培养个性应尊重个性的完整性、独立性。个性发展是无止境的完善过程，因此，终身学习应成为每一个人的内在需求。

（二）语文个性教育的实践走向

语文教育在教学实践中应始终坚持以个性的和谐发展、人格的健康成长为宗旨。个性的发展、人格的形成是多方面、多层次、多方位的，其中，创造性是核心因素。从某种意义上说，个性教育就是创新教育或创造性教育。个性的独特性是个性得以确立的根本依据，个性教育就是要立足于客观存在的学生的个个差异，通过因材施教，充分调动每一个学生的积极性、主动性、创造性，让每个人都体会到成功的快乐，体验到作为学习主体的自主感、成就感，从而释放每个人的学习热情和创造能量，培养出个性鲜明、朝气蓬勃、积极进取、勇于创新的社会主体。只有承认学生的个性差异和客观事物的多元性，才能真正地培养出创新型人才。因此，个性教育必定是创新教育，而创新教育又是促进个性发展的关键因素。语文教育多功能复合价值观决定了语文创新教育内涵的丰富性、多元性。一方面，作为工具学科，语文教育对培养学生独特的语言表达能力、语言风格具有促进作用；另一方面，作为人文学科，语文教育对培养学生独特的人格魅力、审美意趣、道德素养又具有重要意

义。因此，语文个性教育就是要培养学生的良好语感、独特的语言风格和创造性思维。

1. 语感教学与语言风格的养成

一个人的语言往往就是他的精神世界的表征，尤其是以文字为表达手段的书面语，更能较系统、全面、深刻地反映一个人的文化修养、价值取向、审美趣味以及精神追求。而语言风格又是展示一个人语言独特性的重要因素，它是一个人的符号化外貌。语言风格不仅体现了外显的个人用语偏好、句式结构、逻辑构造，而且还隐含着个体独特的语言感受、人生体悟、审美意趣，集中体现了个性的语言独创性。语言风格的形成有赖于个体语言的积累与语感生成，良好语感的获得是形成个人语言风格的根本前提。因此，语感教育是语文个性教育的重要内容。

（1）语感的性质及语感教学

什么是语感？语感是一种修养，是在长期的规范语言应用和训练中养成的一种能直接、迅速、灵敏地领会和感悟语言文字的能力。它具有敏锐性、直觉性、完整性、联想性、体验性。虽然语感具有模糊性、会意性等非理性化的特点，但我们可以将其进行科学的、辩证的分解，分项确定其训练目标。从大处看，语感可以分为听感、说感、读感、写感。从语文理解的过程及方式的角度来看，一个人的语感能力大致可以分解为相互关联的两种判断力：一是对语言对象在语言知识方面的判断能力，包括语音感、语义感、语法感和语气感，这是直觉性语感；二是对语言对象在内容上真伪与是非以及形式上美丑的判断能力，它包括思想观念、情感意志、人格状态、审美鉴赏等，这是理解性语感。

语文学家把语感和语感教学看作语文教学的本质和核心，将培养学生良好语感看作语文教学的最终目的。加强语感教学，有利于实现语文教学重心的重要转变：①由注重语文知识的传授，转变为注重语文能力的培养；②由注重对课文思想内容的理解，转变为对语言材料的感受领悟；③由注重篇章结构的详尽剖析，转变为对语言的鉴赏；④由注重静态的语言分析，转变为注重学生动态语言的学习和教师教学语言的示范；⑤由单纯重视语言表达，转变为同时重视学生对生活的体验。这些转变是加强语感教学的具体体现。

（2）语感训练的途径和方法

①注重语言的积累

语感之"感"，源于所感之"语"。语感是客观语言对象对人的语言器官长期雕琢、不断积淀的结果。因此，要培养准确、敏捷的语感必须注重语言的积累，具体以下几个方面入手：

第一，多看多记。"多看"就是既看生活又看书本；"多记"就是要在理解的基础上背诵一定数量的名篇佳作。

第二，强调诵读。

第三，凭借生活经验获取语感。

第四，依靠对语言行为意义的感知。语感实际上是经由言语，透过言语，又超越言语去感受语言使用者的内心情感和他的思维。

第五，细体味、深领悟。语言，尤其是文学语言，除字句的基本意义之外，还具有理性、形象、感情等附加意义，必须仔细体味领悟。

②加强意象的积累

每一个语言符号都指向特定的事物，代表特定的意义，与一定的物象与意境相联系。读者头脑中的意象是被语词唤起的表象。意象活动一直伴随作者的创作过程，并驾驭着作者的构思与情致。此外，意象活动还贯穿于整个文本解读过程，它是把读者带进文本情境氛围、意义世界的必经途径。在阅读作品的过程中，意象形成的快与慢、完整与否，标志着语言感受力水平的高低。语言符号是阅读的客体，读者在阅读时，其头脑中的意象会被作品的语词迅速唤起，组合成相应的准确鲜明的新意象。学生的人生阅历有限，这必然限制了他们的想象力，影响其意象组合的准确性、完整性，在某种程度上抑制了他们的语言感受能力。意象的积累不能脱离生活实践和个体独特的观察力与感悟力，因此，要丰富学生头脑中的意象积累，应在增加学生阅读量的同时，引导学生注重观察与体验生活，并进行深入、独立的思考。

③语感分析训练

语感分析训练是提高语言感受力、加强语言意象积累的重要手段。语感的分析侧重在对文本整体进行感性理解与把握的基础上，针对某些具有文学解读意味的句子或词语进行深层次的理性分析。

语感实践和语感分析有很大的互补性，应有机结合起来。不是任何语言材料都会对语感获得有帮助，教师要在指导学生对课文进行整体性研读的基础上，理清思路，把握文章的主旨，对课文中语感因素强的地方进行鉴赏，并设计出语感训练的实践项目。为了把语感训练贯穿教学的全过程，可以创设语言基础训练课、教师指导品读课、学生自读涵泳课、书面语言或口头语言表达练习课，以及语言能力测评课等课型。

2. 语文创造性思维的培养

语文能力的核心是思维能力，思维能力的最高层次是创造性思维。创造性思维是一种具有开创意义的高智能的思维活动，它既具有一般思维的基本性质，又具有独创性、突破性和新颖性。

21世纪是技术创新的知识经济社会。知识经济社会是一个学习型社会、竞争型社会、创造型社会，它要求走出校门的学生不仅要善于吸纳、应用不断出现的新的知识，还要具有知识创新意识和能力。培养学生创造性思维能力的途径和方法如下所述。

（1）立足个性差异，培养求异思维

每个学生先天遗传特质和后天所受的教育及经历不同，心理发展又不处于同一水平，思维能力便有较大的差异。因此，要想发展学生的创新能力，就必须承认学生的个性差异和客观事物的多元性。传统的语文教学往往忽视学生的个性差异，按照一种整齐划一的僵化模式对待个性迥异的学生。这既抑制了学生的自主性和积极性，也抑制了他们的创造欲望。因此，加强语文个性教育，就必须重视学生的个体差异，培养学生的求异思维。

（2）深挖教材内蕴，积极诱导启发

文学作品本身具有多重阐释性。从横向看，可以从心理学、人类学、美学、伦理学等角度去理解分析。从纵向看，可以从文字、语音、语义、构思、立意、哲理等不同层次去把握解析。学生作为学习的主体，对同一篇文章的感受是不同的。因此，教学切忌求同过多，而应尽量引导学生从不同角度，立体地、全方位地审视文章的立意、题材、结构和语言，尽可能地引导学生去感受体会，大胆想象，形成自己的独特见解。教师只有用全新的、多角度的眼光分析教材，才能开阔学生的视野，使他们运用与众不同的思维方式对问题进行分析、比较、抽象和概括。

（3）激发求知兴趣，鼓励创新精神

创造性思维能力的培养，是以激发求知兴趣为前提的。激发学生的学习兴趣，关键在于精心设疑。问题是创新之源，疑问是探究思索的动因。"疑"使学生在认知上感到困惑，产生认知冲突，引起探究性反射，产生思维活动。在语文教学中，基础知识训练、阅读和写作等均可通过精心设疑来激发学生的学习兴趣和创新精神。

第二节　语文课堂教学的基本原则

一、语文课堂教学原则的含义与特性

（一）语文教学原则的含义

语文课堂教学原则是人们对语文课堂教学规律认识的结果，是依据语文课堂教学规律制定的规范语文教师开展教学工作的行为准则，也是学生学习语文的行为准则。

（二）语文教学原则的特性

1. 语文教学原则具有客观性

语文教学原则是语文教学规律的理论概括。规律是事物发展过程中本身所固有的、本质的、稳定的联系。规律是客观存在的，是不以人的意志为转移的，这决定了语文教学原则具有客观性。可以这么说，教师只要进行教学，就在自觉或不自觉地执行、贯彻某些原则。同时，为人们所公认的语文教学原则，一般都经过一定的教学实践所检验，是相对稳定的认识结果，更具有客观性。

2．语文教学原则具有主观性

语文教学原则是人们对语文教学规律的认识结果，规律是客观存在的，是第一性的，但认识是人的主观意识，它是第二性的。原因如下所述。

（1）人的主观认识不同

人的意识千差万别，归纳出来的认识结果有主观色彩就不可避免。例如，人们对语文内容和形式的处理关系的表述就有"文道统一""工具性与人文性相融合"等不同的归纳，反映出对这一关系的认识不尽相同。换句话说，不同提法中包含了人在认识规律上的主观色彩，这是教学原则具有主观性的证明之一。

（2）教学实践的活动形态不同

教学规律不同于自然规律，它是通过师生的实践活动来体现的。由于思想认识不同、方法手段不同，活动的内容、形式也不尽相同，再加上人们从不同角度去观察，把认识结果抽象为指导教学实践的教学原则，当然就不可避免地带有主观性。

3．语文教学原则具有整体性

人们根据对语文教学实践的认识不同，可以从不同角度、不同层次提出不同的教学原则，但是这些原则都不能单独存在于语文教学实践之中，每一条原则的层次、作用不同，但都与其他原则共同体现在语文教学的体系之中，它们和客观实践一样，是互相联系的，是共同为语文教学实践服务的，所以它具有整体性。因此，教师在教学中，要有整体观念，要自觉、全面地贯彻语文教学原则。

4．语文教学原则具有发展性

随着科学技术的发展，人们对客观事物的认识水平逐步提高，对语文教学实践的认识不断深化，因此，对语文教学规律的认识也不断深化，所提出的教学原则也更符合教学规律，这就决定了语文教学原则具有发展性。语文教师应该在实践中不断探索，更好地把握语文教学规律，深入研究、认真总结，并使之成为理论，从而使语文教学更加科学化、规范化。

（三）语文教学原则与一般教学原则的联系与区别

教育学中提出的启发式原则、循序渐进原则等教学原则适用于各门学科的教学，所以称为一般教学原则。语文学科的教学也必须遵循这些教学原则。这是因为同属教育范畴的各学科，必须遵循共同的认识规律，这就是"共性"。但是各门学科有不同的教学目的、教学内容和教学方法，因而也就有不同的教学规律和不同的教学原则。高中语文课堂教学原则是一般教学原则在语文教学实践中的特殊反映。例如，教育学中"科学性和思想性相统一的原则"中的"思想性"就很难表述出语文教学中所包含的复杂的人文教养内容，而"科学性"的内涵在语言文字教学与在数学运算教学中也会有所不同，这就是"个性"。因此，语文教学原则与一般教学原则是相互联系又相互区别的，语文教学既受一般教学原则的指导，也受语文教学原则的规范。

二、高中语文课堂教学的基本原则

（一）素质教育与人文素养培养相融合的原则

1. 原则提出的依据

（1）高中语文学科的性质

语文是最重要的交际工具，也是最重要的文化载体。语文教学肩负着人文素质教育的重任。因此，语文教师必须树立大语文观，在向学生传授语文知识、培养学生语文能力的过程中注重学生人文素质的培养。

人文是指与人类社会有直接关系的文化现象，人们一般把文学、史学、哲学、经济学、政治学、法学、伦理学、语言学和艺术等统称为人文科学。人文素质是人们在人文方面所具有的综合品质或达到的发展程度。人文素质教育的目标就是提高人的文化修养、理论修养、道德修养，就是要教会学生怎样做人。

（2）语文能力与人文素质都是现实和未来对人的需求

人文素质是一个人的道德修养的基础，是学生学会做人的基础。人文教育应当作为提高学生思想道德素质的重要手段，也应当作为促进国家经济发展、社会进步的重要手段。重视和加强对学生的人文素质的培养是时代的需求，也是当务之急。语文教学要责无旁贷地承担人文素质教育的重任。

2．原则贯彻的途径和方法

（1）提高认识，准确把握范文的语文因素和人文精神，确定恰当的教学目的

高中语文课文的选文标准是"文质兼美"，就内容或形式来说，其既符合学生的认识水平，适合教学，又富有健康高尚的文化品位，同时，弘扬中华优秀传统文化。在新的历史条件下，教师应该适应时代的要求，发挥语文学科的作用，利用语文教材中那些优美的篇章，在帮助学生掌握生字、生词、句式、修辞等知识，培养并提高学生语文能力的基础上，对学生进行做人的教育。

语文教育不同于其他学科的个性特点就是语文是一种语言文化教育，人的素质的提高、美好心灵的养成，是文化熏陶、文化积累的结果，是书化的结果。语文教育就是要习文悟道，以文化人，培养学生高尚的道德情操、高雅的兴趣爱好、高层次的人生追求，使学生的语文能力和文化人格平衡发展。

（2）改进教学方法，调动学生的学习积极性和创造精神

要在高中语文课堂教学中渗透人文教育，必须做到以下几点：

第一，尊重个性。每个人都有自我意识，但这种意识并不是先天就有的，而是后天生成的。德国哲学家海德格尔（Heidegger）指出，人和物的本质区别就在于人不是现存的东西，人只是一种存在的可能性，在自己的存在中，人不断领会着属于本身规定性的东西，人只是根据他内在的可能性在筹划，在自我设计，并不断获得自己的本质。一个人的意识逐渐变得不同于他人，这一过程就是所谓的个性化。而不同于他人

的意识，便成了个性。教师不但要关注学生的自我意识，更要尊重他们的个性，鼓励学生发展个人意识，强调个人的选择自由以及对自己的选择负责，帮助学生养成对自己负责的生活态度。

第二，鼓励创造。人的自我意识的不断生成过程便是个性化的过程。但是，任何重复性活动都不可能构成真正的自我。人只有永不满足于当下的实然状态，不断向着更高层次迈进，也就是在不断的追求中创造价值，才能不断充实自己。创新是一种能力，更是一种价值的体现。语文学习如果既能锻炼人的能力，又能让人体现个人价值，那么谁会不喜欢呢？语文教学要真正走上一条尊重人、尊重生命、鼓励创造的道路，并且很好把握住"意义"和"知识"的层面，以价值理性来升华工具理性，从而使教育有益于人性的充实和完美。

（3）坚持在正确思想指导下，对学生进行严格的听说读写训练

学生听说读写能力的高低，是教学质量优劣的反映，亦是素质教育成功与失败的一个重要评价标准。语文教师要在全面提高学生素质的思想指导下，对学生进行严格的听说读写训练。要突出强调的是，训练要有明确的计划，要有针对性，并且做到形式多样，使学生愿练、乐练。

（二）言语训练和思维训练相结合的原则

1. 原则提出的依据

（1）言语与思维不可分割的亲缘关系

思维是人脑特有的机能，我们平时所说的"想事情""动脑筋"等就是思维活动，思维伴随着人类社会的产生而产生，并随着社会的发展而发展。对于个人来说，思维的提高与接受教育有直接的关系。要提高思维能力，必须接受教育（广义的教育）。

语言是思维的产物，是思维的工具。如果没有思维活动，没有思想，语言作为思维的工具和交流思想的工具也就没有存在的必要；如果没有语言，思维活动也不能进行。可见，语言和思维相互依存，不可分割。语文学科要培养学生的言语能力，不能只顾言语而脱离思维培养。

（2）思维能力是听说读写能力的核心

语文教学的任务，是培养学生的听说读写能力，尤其要重视培养学生的创造性思维。听说读写都和思维密切相关。如果一个人思维不敏捷，思路不开阔，思考不周密，思想认识不深刻，思维缺乏创造性，那么他的听说读写都不可能是高水平的。可见，在语文教学中加强思维训练是十分必要的，也是相当重要的。可以说，加强思维训练是提高语文教学质量的重要一环。

学习语文的基本目标在于能够读懂别人写的文章，能够听懂别人的话，自己有所思、有所悟时能够下笔成文，能够对别人讲清楚，也就是要具有一定的听说读写能力。因此，语文教学绝不能限于让学生掌握尽量多的词汇和通晓文法，还应注重培养学生的思维能力。

2. 原则贯彻的途径和方法

（1）正确处理知识、智力和能力的关系

知识是人们在改造世界的实践中获得的认识和经验的总合；智力指人认识、理解客观事物并运用知识、经验等解决问题的能力；能力则是指完成一项任务所体现出来的综合素质。智力是能力的内质，能力是智力的外化，而知识则是构成智力和能力的基础。语文教学的最终目的是使学生获得听说读写的能力。学习知识不去练习运用，就难以内化为智力因素，也就形成不了能力。在语文教学中，只有让学生理解字、词、句的意义，掌握了它们的运用规律（运用范围、场合、感情色彩、逻辑规律等基本要素），并进行实践操作训练，才能使学生的能力逐步得到提高。

（2）自觉把思维训练贯彻于语文教学的全过程

语文教学中的思维训练，并不是在完成了预定的教学任务之后另外添加的教学内容，而是在进行听说读写训练的时候，就融入思维训练。这就是所谓的寓思维训练于听说读写训练之中。通俗地说，思维训练并不是撇开课本另搞一套，而是在指导学生听说读写的时候，教给学生应该想些什么和怎么去想。这样，不仅进行了思维训练，而且会把听说读写训练搞得更好。

每一位语文教师都自觉或不自觉地在教学过程中不同程度地对学生进行思维训练。这样说并不是没有根据的。在课堂上指导学生划分文章的段落层次，理解人物的诸方面思想品质、领会事件的性质等，就是把阅读对象分解为若干组成部分并一一认识其本质属性，即思维过程中的分析；在课堂上指导学生总结段落大意、总结人物的性格、总结事件的总体性质等，就是把阅读对象的各个组成部分和它们分别的本质属性看作一个整体，即思维过程中的综合；在课堂上指导学生通过课文叙写的人物、事件等领会课文的思想内容，就是从具体事实中概括一般原理，即思维形式中的归纳；在课堂上指导学生运用学到的语文知识去理解语言现象，就是由一般原理推出特殊情况的结论，即思维形式中的演绎。上述种种教学活动，在语文教学的课堂上极为普遍。由此看来，思维训练在语文教学领域中十分普遍。问题是此类教学活动有意识去做和无意识地进行，所获得的效果是不一样的。如果具有进行思维训练的意识，在课堂上进行此类活动时，有意识地针对教材和学生的实际情况，恰当地传授一些思维方面的知识与方法，那么，其教学效果比不这样做要好很多。由此不难看出，作为语文教师，在语文教学过程中加强思维训练，对提高教学效果具有重要意义。

（3）培养学生独立思考习惯，提高自学能力

课堂上的教学相对说属于"集体思考"，集体思考的作用无疑是巨大的，师生之间、同学之间相互学习、相互交流、相互启发、相互促进。但是，这种"集体思考"毕竟不能照顾学生的个体差异，同一内容、同一进度会带来一定程度上的不平衡。因此，必须鼓励学生自学。

培养学生自学能力，关键在于培养学生独立思考的能力。语文教师培养学生独立思考的能力，有两个很有利的机会：一是抓课前预习，二是抓复习巩固。这两个阶段相对教读阶段而言是独立思考活动的机会较多的阶段。在预习时，既可以让学生"发疑""解疑"，也可以由教师在新旧知识衔接的地方以及新知识的关键点上"设疑"，让学生独立思考。教师设疑要注意新颖性，以调动学生的思维积极性。在复习巩固阶段，

教师要设计一些能帮助学生深入理解课文的训练题，而不要设计那些单纯记忆、背诵的题目。

（三）课内语文学习与课外语文学习互相促进的原则

1. 原则提出的依据

（1）语文学习与生活本身是天然联系的、统一的整体

语文学习和社会生活是广泛、紧密地联系在一起的。学生应该学会在生活中学习语文，收集各种有用的材料，应用所学的语文技巧，每天阅读和写作，随时随地把握学习语文的机会。

教师引导学生扎根在社会这个"天然教室"，让学生利用自己的生活经验去理解课文，并实际运用课堂上所学到的知识——写自己的生活，自然淡化语法教学、词语教学、阅读分析教学。这有助于培养学生对语文学习的兴趣，有助于学生对社会的认识，以及培养学生的社会责任感。学生通过主动、积极、独立地学习语文，面向世界、认识世界，创造个人的世界，发挥个人的潜能，培养能力和信心。这种课堂教学、课外学习相辅相成的教学形式，有利于学生生动活泼地学习，有利于学生学会认知、学会做事、学会共同生活。而且，课堂语文训练和课外语文生活实践的强有力结合，有利于培养学生"生活处处皆语文"的语文学习习惯。有了这个习惯，学生就会对课本以外的自然、生活、社会等大范围的、多角度的生活内容广泛涉猎、获取，从而为课堂语文学习做好铺垫。

（2）语文学习的社会性与语文教学的有限性

语文教学是有限的，具体表现在：课堂常规教学要受时间、空间的限制；在内容上要受教材和教师素养的限制；在教学形式上要受物质条件的限制。因此，课堂上的听说读写训练很难满足社会生活丰富多彩的言语交际的需要。所以，语文教学必须联系生活。

各学科都非常重视课外学习与课内学习的配合，但语文学科提倡课外学习有与其他学科不相同的独特意义和条件。语文教学教的是母语，社会用语环境为语文学习提供了便利，可以这么说，一切言语交际的场合都可以学语文。课内语文学习规范，指导课外语文学习的内容和形

式；课外语文学习能够巩固课内语文学习的知识。

（3）语文能力形成与发展的客观规律

第一，能力的形成需要大量的实际操作，能力的发展更需要与实践的配合。语文能力的形成需要知识和智力作基础，这里所说的知识包括社会知识、风俗习惯、历史传统等，而语文课堂教学时间有限，不可能涉及这么广泛的内容。

第二，语文能力的培养目的重在运用，离开课外生动活泼的生活环境，仅靠课内特设的情境的训练，言语内容很容易脱离生活、脱离实际，变成干巴巴的、千篇一律的"学生腔"，这种脱离实际的"学生腔"不但在社会上不适用，而且会给学生今后的学习、工作、生活造成不利影响。

第三，语言反映人类社会的事、情、理、志，表现民族精神、民族情操、民族审美情趣等，承载着丰富多彩的文化。在语文训练过程中如果不理解这些文化内容，就不能理解语言的表现力，不能很好地运用语言表情达意。纵观古今，优秀的文学作品，其动人之处常常就是对社会生活的真实描写。所以，语文教学需要走出"小课堂"，实行"大开放"。

（4）发展学生个性、培养创新精神、推进素质教育的客观需要

现代社会要求公民具备良好的人文素养和科学素养，具备创新精神、合作意识和开放的视野，具备包括阅读理解与表达交流在内的多方面的基本能力，以及运用现代技术搜集和处理信息的能力。语文教育应该而且能够在培养现代化社会所需的一代新人方面发挥重要作用。传统的班级授课制是以大多数学生的水平为依据开展教学活动的，具有规格化、同步化、集中化等特点。这种教学形式的一个弊端就是难以顾及每个学生的知识、智力、能力差异以及个性、心理差异。而现代社会要求培养头脑灵活、知识广博、有创造精神、有进取心、动手能力强、社会适应能力强、善于合作的各类人才。课外语文活动能为不同个性、不同发展水平的学生提供轻松的、和谐的教育环境，学生在这种环境下学习，可以展现自己的特长，发现自己的独特潜力，可以体验成功的喜悦，从而促使课内学习的进步。

2．原则贯彻的途径和方法

（1）树立"大语文"教学观，拓宽教学视野和教学空间

语文是母语教育课程，学习资源和实践机会无处不在，无时不有。教师要灵活运用多种教学策略，积极开发课程资源，引导学生在实践中学会学习；沟通课堂内外，充分利用学校和社区等教育资源，开展综合性学习活动，拓宽学生的学习空间，增加学生语文实践的机会。不宜刻意追求语文知识的系统和完整。应该让学生更多地直接接触语文材料，在大量的语文实践中掌握运用语文的规律。应当密切关注当代社会信息化的进程，推动语文课程的变革和发展。

（2）鼓励学生深入社会实践，独立开展丰富多彩的课外语文活动

完全的知识应该由书本知识加实践知识组成，完全的能力应该由认识能力加实践能力构成，没有实践能力，认识能力就失去了实际意义。

第三节　语文课堂教学方法

一、语文课堂教学方法概述

（一）教学方法的内涵

广义的教学方法是指在一定的教学思想的指导下，为实现教学目的、完成教学任务所采用的一切手段、技术、途径、程序和组织形式的总和，如启发式教学法、茶馆式教学法等。狭义的教学法是指师生在教学活动中为实现教学目的而运用的具体的行为方式，如提问法、朗读法等。

教学过程中所运用的教学方法，包括教师的教法和学生的学法，但其不是二者的简单相加，也不能把二者截然分开。教师的教法必须通过学生的学法才能发挥出作用，而学生的学法是在教师的指导或影响下的学法，即使是学生的自学也不同于校外其他人的自学。学生是在教师直接或间接影响下开展自学的，使用的学法也受教法的影响。所以教法与

学法是辩证统一的。

语文教学方法是指为了达到语文教学目的、完成教学任务，在以教师为主导、学生为主体的听说读写活动中所采用的方式和手段的总和，体现为教法与学法的统一。

（二）语文教学方法的特点

1. 依存性

任何教学方法都依存于学科性质、教学目的、课程内容和学生的生理心理特征。换句话说，教学方法是随着教学目的、学科性质、课程内容和学生的生理心理特征的变化而变化的。

教学方法首先取决于学科的性质和教学目的，因为性质、目的决定任务、内容。高中语文的学科的基本属性是工具性，根本目的是培养学生的言语能力，所以高中语文课堂教学方法中的言语因素多于其他学科。而且学习言语的方法与学习其他技能也有明显的不同，实践性、操作性特别明显。

教学方法也依存于教学内容。就语文学科本身来说，语文的教学内容主要是语言和言语，语言教学可以由教师来讲述，而言语教学则主要以训练为主。不同文体的课文，教学方法也不尽相同，记叙文的教学重在于思索理解，诗歌教学则重在于朗诵涵泳。与其他学科比较，语文学科的教学方法也不同，理科的思维以逻辑思维为主，而语文则以形象思维为主。

教学方法的使用还取决于学生的心理特征，高年级与低年级的学生相比，鉴赏性的阅读要多些，作业趋向复杂化，学生活动的独立性更强。

2. 多样性和统一性

教学方法到底有多少种，这是无法统计的，因为人们的认识是不断发展的，是无止境的。随着认识的不断深入，认识领域不断扩大，人们驾驭客观规律的能力就越强，方法就更多。又因为制约教学方法的因素有很多，同一种教学方法，因教师的能力水平不同、学生的知识水平不同、课程的内容不同，随时都可能发生变化，单是读，就有精读、略读、朗读、诵读、默读、跳读、浏览等多种类型。从来就没有任何一种单一的、重复运用的方法能与千变万化的教学过程相适应，这就构成了教学方法的多样性。

教学方法又具有统一性。这是因为，所有的教学方法所追求的目标是一致的，都是为了调动学生的学习积极性，都是为了提高学生的学习效果；同时，它们在性质上也是一致的。

3. 局限性和发展性

教学方法实际上是有局限性的，没有一种教学方法是完美无缺的，也没有一种教学方法能适应教学过程中的各种不同的教学情境、不同的教学目的、不同的教学任务、不同的学生。不同的教学环境，需要不同的教学方法，因为不同的方法有不同的作用，有一定的有效域，有一定的适用范围，超出这个范围便起不到应有的作用，甚至会产生负面的影响。例如，表演性的方法适用于儿童，系统讲授适用于高中生，而学术演讲一般只适用于大学生。

教学方法是不断发展的。随着科学的发展，人们的认识领域不断拓宽，认识水平不断提高，肯定会引起教学方法不断增加和优化。从这一点上说，教学方法贵在创造，教师既要继承我国传统的有效的语文教法，又要在继承中创造，促进教学方法的不断丰富和优化。

4. 可补偿性

在实际教学中，并非面对同一篇课文，就必须使用同一种教学方法，同样的目的、同样的内容，甲教师用这一种方法，乙教师用另一种方法，二者都可能收到理想的效果。在阅读教学中，不可能自始至终使用读的方法，必须补充问的方法、讨论的方法、写的方法，如此才能收到好的效果。这种现象说明一个道理：一种教学方法可用另一种教学方法去代替、补充、完善，使其提高效率，这就是教学方法的可补偿性。任何教学方法都具有可补偿性。

二、高中语文基本教法

（一）讲述法

讲述法是由教师把确定的内容用言语形式传授给学生的方法。这种方法使用的主要材料是言语，教学效果的好坏与教师的言语有极大的关系，也与学生听力水平的高低有一定关系。教师不但要注意自身的言语表达能力的优化，也要注意培养学生的听话能力。

1. 讲述法的优点

第一，能比较全面、准确、系统地传授新知识。

第二，精要的讲授既能突出重点和难点，又节省了时间，保证教学计划的顺利实施。

第三，能较充分发挥教师在语言运用、知识理解、读书方法等方面的示范作用。

第四，有利于学生记笔记，帮助学生提高文字的组织和表达能力。

第五，能面对全班大多数学生，在较大程度上适应班集体。

2. 讲述法的运用要点

第一，教师讲述的内容要准确、全面、重点突出，难易适中，使绝大多数学生能适应教师的讲述。一个单位时间的讲述内容只能有一个中心内容，话题不能太分散，不要过于旁征博引，使学生不得要领。

第二，讲述要深入浅出、形象生动、前后连贯。在讲述时，要注意这一次的讲述与前一次讲述的有机联系，要设计好过渡语，使学生对知识有一个系统的了解。

第三，一次讲述的时间不宜过长。过长时间的讲述置学生于被动地位，会使学生产生厌倦情绪，反而降低了教学效果。对高中生来说，一次讲述的时间一般不超过 10 分钟。

（二）问答法

问答法又称提问法，是教师根据一定的教学目的、任务和内容，向学生提出问题，要求学生回答，在问与答的过程中引导学生获得新知识或巩固所学知识的方法。

在当今教学的整体结构中，学生已不是被动的纯客体，而是在教师主导作用引领下的教学活动的主体；教师的研究中心已不再是纯教材，还包括学生。这就要求教师不仅要研究"教法"，还应研究"学法"。因此，作为沟通二者的课堂提问便成了教师普遍研究的课题。

1. 问答法的优点

第一，培养学生勤于思考、勤于分析问题的习惯，提高学生思维能力和解决问题的能力。

第二，唤起学生的有意注意，将思维的目标迅速指向重点、难点、疑点，提高理解速度，提高教学效率。

第三，学生有机会发表自己的见解，能培养学生的学习积极性和主动性。

第四，学生答问，不但要思考，而且要快速组织言语表达，有利于说话能力的培养。

第五，提出问题、回答问题，开辟了师生双方的信息流通渠道，教师能及时掌握学生的学习情况，从而能根据具体情况及时调整教学进度和教学方法，使教与学的双方活动更加和谐。

2. 问答法的运用要点

第一，提出的问题应该有意义、有价值，能真正激发学生的思维积极性，能起到帮助学生理解课文的作用。

第二，提问要有中心，要突出重点，不要处处设问。有效的课堂提问应是从教学内容出发，根据教学的知识内容与思想内容，把握教材的重点、难点来精心设问、发问；另外，还应从学生实际出发，根据学生的知识水平与心理特点，找出能诱发他们思维的兴趣点来问，使提问真正问到学生的心"窍"上。

第三，问题要指向明确、内容具体、难易适中。

第四，提问要有新意，变"直问"为"曲问"，引导学生主动思考，积极探索。

第五，提问要面向全班学生，先提出问题，再指名回答，不要先提名后提问。

第六，准确、中肯地评价学生的答题结果。评价应以鼓励为主。当学生不能正确回答时，教师要根据具体情况予以耐心指导，如果课堂时间不允许，应该设法进行课外辅导。

第七，鼓励学生质疑问难，对学生提出的一时难以回答的问题，教师应查证后再解答，不能信口开河，误导学生。

总之，课堂上适时、适度且富于艺术技巧地提问，能加快把知识转化为语文素质能力的进程，是发展学生思维，保证和提高教学质量的有效途径。为此，作为语文教师，应精心设计好各种类型的课堂提问，形成有自己特色、适合学生口味的提问艺术风格，以达到最佳的教学效果。

第二章 高中语文课堂有效教学

第一节　有效教学与语文教学系统

一、有效教学的含义

教学是指以课程内容为主要交流内容的师生双方的互动行为。在这一课堂活动中，教师和学生都是不可或缺的活动主体，也是有效教学顺利开展的基础元素。有效教学与单纯的教学活动有所差别，有效教学是指教师调动学生的学习兴趣，促进学生积极认知和主动探究知识的教学活动。也就是说，有效教学是普通教学活动的"升级版"，也是提高教学效果最重要的"武器"。因此，教师应该结合语文课堂教学，积极推进有效教学在课堂教学中的实施。

有效教学是指师生遵循教学活动的客观规律，以最优化的速度、效益和效率促进学生在知识与技能、过程与方法、情感态度与价值观上获得整合、协调、可持续的进步与发展，从而有效地实现预期的教学目标，满足社会和个人的教育价值需求的教学活动。这一定义主要包含三层含义：

第一，有效教学的评价标准是学生的学习效果。教学是否有效，关键看学生取得了怎样的进步和发展，看有多少学生在最大限度上实现了有效学习，以及是否激发了学生继续学习的愿望。

第二，有效教学的基本内涵是实现教学的三维目标。课堂是否有效，要看学生在教师的引导下在知识与技能、过程与方法、情感态度与价值观三维目标上是否获得了全面、可持续的进步与发展。

第三，学生的进步与发展是通过合规律、有效果、有效益、有效率的教学获得的。课堂教学是否有效，既要考查课堂教学目标的合理有效性及其实现程度，又要看这种教学目标是以怎样的方式实现的。

这里所讨论的有效教学，侧重教学行为的范畴。所谓有效，侧重指单位时间内学生素养在课程标准意义上取得的发展与进步。也就是说，有效的语文课堂教学是有一定的衡量指标的。具体包括三个方面：

第一，关注学生的进步和发展。教师目中有"人"，教学有对象意识，能因材施教，有"全人"概念；教学旨在努力促进学生科学素养和人文素养的和谐发展。

第二，关注教学效益。教学有时间与效益的观念，教学目标尽可能具体明确，学生的学习效果力求能够检测，并以此体现教学效益的优劣。同时，反对简单量化和过度量化，因为这种教学方式容易起到适得其反的教学效果，使学生心生厌烦。

第三，关注教师的问题意识和反思品质。教师应在教学过程中持续追问"什么因素是学生素养形成最基础的因素""什么样的教学是最有效的教学""同一教学内容的处理在众多的选择中是否有最佳路径"等教学自检问题，以对新课程背景下的语文教学形成基本的准备、实施、评价策略。

语文有效教学并不是一句空喊的口号，而是结合大量语文教师日常教学进行的教学总结和思考概括出的，适用于绝大多数语文课堂教学的教学效果提升手段，主要是从不同的教学阶段入手，结合有效的教学手段进行教学，主张以"各个击破"的教学理念面对不同的教学阶段，使学生无论在哪个语文学习阶段，都可以积极参与课堂学习，并从中获得足够的语文知识。

二、语文教学系统

语文教学系统是整个高中教育系统中的一个分支，也是其重要的子系统。同时，语文教学系统与其他教学系统一样，都是为了实现教学目的，由多种教学手段和教学要素有机结合而成的富有教学功能的整体。可以说，有效教学系统存在的方向主要基于三个方面，分别是教师、学生和语文教材。也就是说，语文教学系统的探究需要从这三个方面进行详细阐述。

（一）教师

教师作为教学系统中的指导者与组织者，承担着最为主要的教学任务。同时，有效教学系统构建主要依赖教师来进行架构和设置。依据教师的日常教学活动，教师教育层面的有效教学系统主要包括设定教学目标、规划教学活动、查找教学材料、组织教学活动、进行教学评价五个方面。也就是说，教师的教学系统原理主要围绕着语文教学任务展开。

教学目标是开展有效教学的根本出发点。在语文教学过程中，教师首先应该明确本课的教学目标是什么，这篇课文的教育目的是什么。同时，教学目标还是提升语文教学有效性的重要基础，因为只有有了明确的教学目标，教师才能在达成这一教学目标的过程中积极进行教学尝试，通过不同的教学手段来实现教学目标，并提升教学质量。

教学活动的规划主要是指教师通过实际课堂上的教学方法规划、学习环节规划、教学活动规划来进行教学预演。教学活动的安排不仅要围绕着教学内容积极展开，还需要以学生的课堂接受程度作为最主要的考核标准。

教师需要在教学前进行教学资料的查找和收集，将可利用的教学资料进行整合，并将这些教学资料应用在后续的教学活动组织过程中。

教学评价对于有效教学系统的构建是十分重要的，也是语文教学系统中容易被忽视的一个环节。教学评价是教师帮助学生建立学习自信、了解学生在学习中遇到的问题、帮助学生解决知识难点的有效方式。因此，教师应该善用教学评价，并在教学评价环节中积极推进师生互动，使学生充分把握这一环节，解决遗留的语文学习问题。

（二）学生

学生既是语文教学过程中的主体之一，也是有效教学的配合者和受众。现代语文教育主张"以生为本"，也就是将学生的发展作为教学的出发点，以提高学生的语文综合素养作为最主要的教学培养方向。学生在有效教学系统构建过程中的重要作用主要体现在三个方面：首先体现在预习过程中；其次体现在教学练习过程中；最后体现在复习与学习效果反馈过程中。

在预习过程中，学生会在课下通过各种信息获取渠道，对语文知识的背景故事、作者的创作目的、语文课文的思想感情等方面进行充分的了解和认识，并将预习中获得的语文知识应用到实际课堂学习过程中，反作用于教师的教学系统，使教师的教学效果大幅提升。

在语文练习过程中，学生需要练习教师在课堂上讲述的语文知识，并在练习过程中完成知识的掌握和检验。知识练习过程不仅可以提高学生的知识掌握能力，还可以帮助学生完成查漏补缺的学习过程。因此，练习过程是教学系统的有效补充，可以大幅提升语文课堂的教学效果。

在语文复习过程中，学生可以借助教师提供的复习方式与内容，积极发现自己在学习过程中存在的知识漏洞与基础知识的欠缺之处。同时，复习课可以转变学生对语文复习的看法，帮助学生改善原有的不科学的学习方法，使学生更自信地参与复习课的全过程，最终形成师生互动、生生互动的良好氛围；可以对学生已学的语文知识起到一定的修正、巩固作用；有利于培养学生的质疑精神和创新意识。学生在掌握分析问题和解决问题的方法后能自主总结规律，提高自己的学习能力，最终形成终身受益的语文素养。

综上所述，学生对于构建高中语文有效教学系统有着重要的推动作用，同时，学生的学习效果也会在有效教学系统的构建过程中得到提高。

（三）语文教材

语文教材是构建有效教学系统的核心，也是语文教育中不可或缺的内容。语文课本是教师和学生进行教和学的载体。高中语文课本的各个版块，在编排结构和编排内容方面都凸显了"以生为本"这一教学理念。面对高中语文教学中教学方式较为混乱、教学有效性低下的局面，"立足课本，稳扎稳打"的教学策略能够指导语文教师充分利用课本资源，充分发挥语文教材的作用，实现师生课堂互动的良性循环，促进学生语文学习能力与应用能力的共同提高。"立足课本，稳扎稳打"是指充分利用课本资源，在扎实掌握课本知识的基础上适量扩充课外阅读内容，而并非对课外阅读的一种淡化。教师应指导学生将课内学习的读写结合技巧运用到课外阅读中，从而提高学生的课外阅读的效率和读写综合能力。

语文教材是教育部精挑细选的文章汇总，因此，教师应该积极利用语文课本中的文章，将系统化的教学方式应用在语文教学过程中，这样不仅可以提高学生的语文学习效果和学习能力，还能构建有效的语文教学系统。同时，教师还可以在语文教材的基础上，寻找更多的教育资源，并以此深化语文教学系统的使用，从而建立更加完善的语文教学系统，使语文教学系统的教学效果更加明显。

第二节　有效教学的基本策略

无论是语文课堂教学还是其他学科课堂教学，都需要教师结合各种教学资源来帮助学生完成知识的学习和提高综合能力。语文教师只有在教学过程中积极实践有效教学的基本策略，才能不断提高语文课堂的教学质量，并帮助学生培养学习兴趣和养成良好的语文学习习惯。

一、以生为本

"以生为本"是教育的出发点，也是教师进行语文教育的根本方向。也就是说，教师的教学活动必须以学生为最重要的考虑对象。无论是教学内容、教学节奏还是教学方法，都需要围绕学生展开，并以学生的知识接受程度和学习效果作为最主要的教学有效性的考查方向。同时，"以生为本"还需要教师在语文教学的过程中关注学生的学习体验，积极处理学生的学习反馈，并及时将学生在学习过程中遇到的问题和重难点知识进行细化和梳理，帮助学生顺利完成语文知识的学习。

"以生为本"就是以学生对语文课程的理解作为最基本的授课目的，教师在课堂上讲述的一切内容都需要以提高学生的语文素养为前提，并使用丰富多样的教学手段和方式来提高学生对语文知识的接受程度。

二、注重课堂

　　课堂上积极有效的师生言语互动，有利于达成多维立体教学目标，并促进师生共同发展。课堂教学中，教师要以学生为主体，使学生积极参与到课堂言语互动行为中来，促进学生的全面发展。课堂教学作为学校教育教学的中心环节和最基本的组织形式，直接影响着学生的成长与发展。而言语行为又是课堂教学的主要方式，对学生知识的掌握与能力的培养起到了促进作用。师生双方有效的言语互动能够激发学生的思维，培养学生的兴趣，引导学生主动建构知识体系。

　　课堂是语文教学的主战场，也是学生提高语文学习能力的最主要的学习地点。如果把语文学习比作一场登山运动，那么语文课堂教学就是学生攀上文学顶峰的必经之路。因此，课堂教学不仅可以帮助学生掌握语文知识的学习方法，还可以建立学生的语文学习系统，同时还可以促进师生互动和生生互动，使学生不仅可以在课堂学习过程中收获语文知识，还可以在交流过程中收获新鲜的观点与看法，这对于提高学生的综合文学素养、拓宽学生的眼界都能起到巨大的积极作用。因此，在语文课堂教学过程中，教师应该从教学内容、课堂氛围和师生互动三个方面进行课堂教学安排。有很多教师会着重将教学注意力放在课堂内容安排上，却忽略了师生互动环节的课堂安排。其实，这是不妥的。因为课堂内容的安排属于知识性的内容安排，而课堂氛围和师生互动则是学习情感方面的内容安排，学生只有在良好的师生互动中感受到和谐的课堂氛围，进而积极参与到课堂教学内容的学习过程中，才能取得良好的学习效果。

（一）把握教材重点

　　在高中语文教学过程中，教师必须结合最新的课程标准来综合把握语文教材中的重点知识，并在教学过程中有的放矢，重点讲述课本中的重难点知识，对于较为简单的知识可以一带而过或减少教学时间。同时，对于教材的充分把握可以帮助教师开展有效课堂教学活动，使教师的教和学生的学都可以收到较好的效果。

高中语文教材中的重点主要存在于字词、古代文学重点语句或段落、现当代文学主旨把握等方面，这三个方面都是语文教材中的重点知识，也是需要教师在课堂教学过程中重点讲述的学习内容。同时，如果教师在语文课堂上注重培养学生这三个方面的知识掌握能力，对于构建有效教学系统是十分有利的。

首先，字词是语文学习的基础，也是高中学习阶段容易被学生忽略的基础知识。很多学生往往认为，经过多年的学习积累，自己对于字词等基础知识的掌握已经相当牢靠，殊不知正是由于大意才导致考试过程中基础题的错误。也就是说，将字词等知识作为语文学习的重点，并不是因为难度，而是因为重要性。字词类知识不仅是语文学习的基础，也是考试过程中基础题的出题方向。

其次，古代文学重点语句或段落是高中语文教材中的重点之一，因此在教学过程中，教师往往会要求学生背诵古文段落或全篇文章。教师应该帮助学生明白重点语句的含义，了解古文创作的时代背景和作者生平，从而在理解的基础上进行古文记忆。古代文学知识的获取对于培养学生的语文综合素养是十分重要的，也是高中语文有效教学系统构建过程中的重要组成部分。

最后，现当代文学不同于古代文学那般晦涩、难懂，是学生易于接受的学习内容。教师应该注重培养学生寻找文章主旨和作者创作目的的学习能力，帮助学生通过阅读全文、寻找重点语句和段落等方式来提升自己的文章主旨总结能力，并在后续的语文学习或应试过程中，积极发挥自己的总结能力。

（二）良好的课堂氛围

良好的课堂氛围是提高语文课堂教学效果的保障，也是提高学生课堂参与度的重要教学环境。良好的课堂氛围可以促进学生的积极参与和用心学习。良好课堂氛围的构建离不开教师良好的教学心态和丰富多样的教学活动。

教师作为语文教学的引导者、组织者，理应承担营造良好课堂氛围的重任。教师在教学过程中，必须充分考虑从教学设计到教学结束的整个过程，营造良好的课堂氛围。要使教学设计更为合理、教学效果更加明显，教师首先要在教学过程中秉持积极的教学心态。积极的教学心态不仅包括和蔼可亲的教学态度，还包括在教学过程中全身心的投入状态。因为在实际教学过程中，学生十分容易被教师的课堂教学态度所影响，如果教师的态度和蔼可亲，学生会受到积极的影响，在接下来的学习过程中积极参与、用心思考；如果教师将生活中的不良情绪带入语文课堂教学中，那么学生就很容易受到教师情绪的不良影响，不能集中注意力去听讲，并逃避教师的不良情绪。因此，教师需要在教学过程中以专业的态度去对待教学工作，以积极的心态进行语文教学，并帮助学生在学习过程中同步建立良好的学习心态。

教师应该结合教学实际，开展多种有效的教学活动，逐步培养学生参与的热情。那么，教师应主要从形式与内容两个方面来思考如何设置有效的教学活动。有效的教学活动，从形式上来讲，形式新颖，让学生眼前一亮，能够吸引学生参与活动；内容上又十分丰富，学生能够依据自身情况积极参与，并主动投入语文知识的学习过程中。同时，教学活动的开展不仅要结合课堂教学内容，还要针对学生的兴趣点来不断进行丰富。

教学活动的实施并不是一成不变的，其形式多样、内容丰富，可谓教师开展教学的有力帮手，也是提高学生学习兴趣的有力武器。教师应该在语文教学过程中，积极将课堂教学与教学活动相结合，使学生在趣味横生的课堂活动中吸收语文知识，并激发学习兴趣。

（三）和谐的师生互动

师生之间进行言语互动交流是课堂上师生进行交往的主要形式。师生言语互动的深度和广度直接影响教学效果的好坏。课堂上知识的传递、情感的表达、教学目标的达成都离不开师生之间积极的言语互动。

教师的引导、学生主体性的发挥都依靠言语交流来实现。因此，提高师生言语互动的质量对提高课堂效率、促进学生的全面发展、培养学生的核心素养起到至关重要的作用。

1. 师生的言语互动能够激发学生的学习兴趣

教育心理学指出，学生自觉学习的动力是靠学习兴趣来维持的。师生言语互动的意义在于构建良好的教学互动氛围，促使学生主动自发地参与学习、探究、知识建构，形成学生学习的内驱力。有了兴趣，学生可以更加积极主动地与教师进行言语互动，促进师生关系的和谐发展。同时，和谐融洽的师生关系也能最大限度地激发学生的学习兴趣，形成良性循环。对于较为枯燥教学内容，教师可以通过言语互动为课堂注入活力，将学科知识的奥秘与特点展现给学生，引导学生专注地对新知识进行思考；将枯燥的知识转变为生动的内容，激发学生学习探究的欲望；通过游戏与真实情境，让学生融入课堂；采用独特的教学方式，用艺术性的语言调动学生的积极性，维持学生的学习兴趣与热度。

2. 师生的言语互动可以提高教学质量

课堂教学是以学生为主体，强调以学生的"学"为主的学习活动。和谐的师生互动可以改变传统的以教师的"教"为主的教学模式，尊重学生的主体地位，变被动学习为学生的主动学习，使学生真正成为学习的主人。在教师有效的言语引导下，学生自我建构新知识。教师只是担当指导者和引导者的角色，为学生答疑解惑，使学生掌握良好的学习策略。教师把课堂真正地还给学生，并且创设一种良好的、和谐的课堂学习氛围。在这样的课堂氛围影响下，学生的潜能可以得到最大程度的开发。并且，在发展学生的知识与技能的同时，语文课堂的教学质量也会得到显著提高。

三、选择恰当的教学模式

教学模式是指在一定的教学思想和教学理论的指导下建立起来的多种类型教学活动的基本结构或框架。教学模式的选择可以直接影响到教师的授课方式以及学生的课堂接受程度。因此，教师在选择教学模式时，必须紧密结合语文课程，并将学生的接受程度作为重要考量对象。

（一）传递—接受式

传递—接受式教学模式是最基础与最为传统的教学模式，也是应用最为广泛的教学模式。它不受教学内容的影响，适用于各种语文文体教学，可以在各个语文学习阶段使用。

（二）自学—辅导式

自学—辅导式教学模式是学生在教师的指导下，结合正确的学习方式进行独立思考、自主学习的教学模式。这种教学模式可以充分调动学生的学习自主性，使学生积极投入语文知识的学习过程中。自学—辅导式教学模式的主要教学程序是学生自学—集体讨论—教师启发—学生反思—总结练习。自学—辅导式教学模式下，学生可以自主进行知识探究，并通过语文课本中的文章进行知识梳理和学习。这种教学模式可以将教师的教育权力下放到学生身上，使每一位学生都可以充当自己的老师，也可以使学生的思法在小组讨论的过程中得到完善。

（三）探究式

探究式教学是学生在教师设置的情境中，在教师的指导下，积极主动地探索问题，进而获得新知识的一种教学模式。学生通过参与探究活动，可以自主获得知识与技能，培养创新能力，提升综合素质。探究式教学模式能弥补传统教学模式的不足，在提升学生综合素质方面起到积极的促进作用。

（四）范例式

范例教学也被称为"示范性教学""范畴教育"，主要是指教师在语文教学过程中，结合教材与生活中的经典案例来帮助学生掌握语文知识和规律的教学模式。范例教学模式适用于规律性知识的掌握，也就是说，普通的语文课程几乎应用不到这种教学模式。但是，在语文专项知识练习过程中，这种教学模式就会显示出其教学优势。

范例教学模式不仅适用于语文作文教学，对于系统化的教学也是十分适用的。在现代文阅读训练或高考基础题目训练过程中，教师可以运用范例教学模式帮助学生梳理知识的共同点。这种通过范例进行知识总结的学习方式，可以帮助学生养成良好的系统知识学习习惯，使学生在掌握某一种语文知识的同时，也掌握科学的学习方法和解题方法。

第三章　高中语文课堂项目式教学

第一节　项目式教学与语文项目式教学

一、项目式教学

项目式教学是一种建构主义理念下的以学生为中心的教学方式。项目式教学主张学生通过一定时长的小组合作方式，解决一个真实世界中复杂的、具有挑战性的问题，或完成一项源自真实世界经验且需要深度思考的任务。在解决问题或完成任务的过程中，学生精心设计项目作品，规划和实施项目任务，进而逐步习得包括知识、可迁移技能、高级思维能力、关键品格等在内核心素养。项目式教学将基于知识传授的传统教学转变为专注于项目完成、职业体验和解决问题的多维交互式教学。传统的课堂教学活动主要由教师主导，学习对象及学习媒体为教科书，学习内容和形式单调，学习环境固化，学习过程同步，所以无法满足学生的个性化发展需求。而项目式教学通过调整教学内容、改善教学环境、优化教学模式、改革评价方式等，使学生能够充分发挥创造性思维，最终取得良好的教学效果。

项目式教学包括内容、活动、情境和结果四个要素。

（一）内容

内容主要是指项目的主题选择和学习目标，它是现实生活中的实际问题与课程标准的结合。在教学设计过程中，教师一般以学科的基本概念和原理为中心，选取聚焦学科概念、体现学科素养和关键能力的教学主题进行分析，诊断出学生的已知点、障碍点和发展点，找到该主题对学生素养发展和能力提升的功能价值与教学要求，然后对学科内容按照专题进行整合，整体规划出项目目标。一般而言，基于项目的学习是从查阅资料开始的，有些项目需要进行深入的调查研究。因此，在实施该项目之前，教师需要根据项目式教学内容、学生现有的能力和经验、学时的安排及自身能力来确定项目的范围。

(二) 活动

不同主题的项目，其目标和活动的主体也不同，因此，教师需要在具体分析的基础上确定活动单元、活动任务及评价方案。项目活动的安排强调三个"完整"，具体如下。

首先，教师应引导并要求学生经历事情的完整过程，在实践中体验项目的意义和价值，并产生取得项目成果的强烈愿望。

其次，教师应指导并要求学生完整地研读学习内容，以完成项目或学习任务并解决核心问题。学生在小组互助学习、合作交流的基础上，形成总体的展示思路和展示内容，然后进入展示环节。

最后，教师要特别强调学生就某一话题、某一成果或某一任务进行整体性展示，避免教学过程中的碎片化展示或师生间的问答式教学。

与传统的教学活动相比，项目活动更加复杂，更具挑战性，更有利于培养学生应对挑战的能力。

(三) 情境

教师开展项目式教学时，应创设一个适合探究的情境，以充分调动学生的求知欲，激发学生的好奇心，并吸引学生参与到教学活动中。好的情境是由真实问题或任务驱动的，并允许使用各种学习资源和工具来支持学生的学习。好的问题情境还可以长期保持学生的学习兴趣和学习热情，从而促进学生的深度学习。

(四) 结果

项目式教学的结果以作品的形式呈现。每个项目都有明确的学习目标，完成项目活动后，学生需要掌握相关知识并发展某些技能。项目式教学通过项目作品展示学生的学习结果，作品形式可以是实物、模型、报告、论文、设计方案、艺术品等。项目作品是学生在项目学习中所获得的知识与技能的评价依据。

二、语文项目式教学

(一) 语文项目式教学的内涵

项目式教学运用到语文教学中，就是以课程标准为依据，基于语文核心知识、核心概念、关键能力、必备品格统整学习内容，形成学习项目（或学习主题、专题、综合性学习活动）；设计与学生现实生活相关联的问题情境和挑战性任务，引导学生选择和利用最优化的学习资源及混合式学习环境，提供学习支架，开展以阅读与鉴赏、表达与交流、梳理与探究等为重点的语文实践活动，在解决问题、建构项目"产品"的过程中，获得可迁移的语文知识和能力，从而提升语文学科核心素养。项目式教学法凸显对学生问题意识、创新理念、实践能力等核心素养的培养。项目式教学所倡导的学习理念，可以帮助学生学会认知，学会做事，学会共同生活，学会生存，是落实素质教育，培养新时代需要的创新型人才的重要途径。

(二) 语文项目式教学的特点

项目式教学以项目的形式把与社会实际生活相关的内容融入国家基础课程，并使学生通过项目小组的形式参与到学习活动中。相较于传统的学习方式，语文项目式教学具有以下鲜明特点。

1. 学习项目的学科性

语文项目式教学不是单纯的教学活动，而是建构语文知识、形成语文能力、发展语文素养的载体。项目活动是为了探究项目背后的学科价值与意义，它指向的是学生听、说、读、写、看等能力的提升。教师在设计项目时，要思考项目的设计与语文的关系。语文项目设计必须注意项目内容与语言文字运用的有机结合。语文项目式教学应该让学生知道能够用语言文字做什么，即学生在语文方面应该达到的知识与能力目标要清晰。梳理语文知识体系、语言的比较与鉴赏、辩证客观的评价、恰当的表达等语文项目目标的设立，要落实在语文学科核心知识和核心概念之上。

2. 学习项目任务情境的真实性

项目式教学需要创设基于真实生活的情境，激发学生参与学习的兴趣和热情，引导学生去解决现实生活中的问题，打通学习和生活的通道，真正实现学习的价值。只有问题能够反映现实生活，才能激发学生学习的内在动力。教师在设计语文项目式教学的任务时，要尊重语文学习规律，关注日新月异的现实生活，通过具体而有效的任务，引导学生在实践中建立起语文学科知识与生活情境的关联，在学习体验中建构新的知识和能力。项目式教学的教学内容和学习方式是高度综合性的，学科知识不是终点，也不是最终目的。在学习体验中，学生将学科结构转化成认知结构，在学习反思和迁移中，重建知识产生的情境任务，通过学习活动，建立和生活的言语关联，在不断地重建中，发展语文核心素养。

项目式教学不像传统教学那样先学习知识再解决问题，而是一种以学生为主体、以专业领域内的各种问题为学习起点、以项目主要问题为核心规划学习内容，让学生围绕项目来寻求解决方案的学习方法。因此，项目式教学以有价值的项目问题为驱动，去设计课堂的问题链，目的是了解或者解决来自社会生活中的问题。项目式教学中，学生研究的问题是教师从学生的经验出发，并基于真实生活情境提炼出来的。需要注意的是，这些问题一定要具有开放性，这样才能驱动学生思考、研讨。具有开放性的实践，可以增强学生对语文知识和现实生活的联系的认识，提高学生利用学科知识解决真实生活问题的能力。

项目式教学是在真实情境中探究真实问题，其内容多数源于教材、社会热点或生活常识，亦可以是教材中的某一个内容。由于筛选的项目接近于学生的社会生活和日常生活，学生的自主学习能力和合作学习能力得到了充分展示。

3. 学习过程的协作性

教师制定好项目目标后，要针对真实情境下的驱动问题，精准且有梯度地设计教学环节和学生活动任务。从确立项目活动小组，确定师生之间、生生之间的任务分工，到活动小组设计活动方案、寻找资源探究问题，再到最后的成果展示、交流分享，在这个过程在，生生、师生之间共学共创，协同合作，建立起一种项目团队的共生关系。

在项目式教学的过程中，教师原有的职责仍然存在，同时又是项目目标的主要确定者、教学项目的主要设计者和项目实施的规划者，负责创设问题情境和挑战性任务，推动项目开展。活动小组为完成学习任务及解决某一核心问题而完整地研读学习内容，并设计活动方案。学生通过系列活动，形成访谈纪要、调查报告、舞台剧、文创产品等项目产品。这种多层次、多角度、合作化的学习形式为学生构建了动态的、开放的、交互性的学习环境。在这个过程中，学生必须分工合作、规划安排、落实检查、据情调整，是一个完整的协作过程。而在项目实施过程中，教师要根据项目的进程、学生的表现，适时调整、优化教学计划和项目要素；同时，还要针对学生问题，及时提供学习支架，做学生学习的协作者、指导者，帮助学生顺利完成项目。

展示环节是体现学生深度学习和深度思考的重要活动内容。小组成员在互助学习、合作交流的基础上形成整体的展示思路、展示内容、展示环节，从而达到对人文底蕴和科学精神的进一步培养与升华的目的。在项目的最后阶段，教师要对项目小组完成情况做出评价，并及时查漏补缺，优化提升，帮助学生实现能力迁移。项目式教学的最终成果涉及一个产品、一份报告或实作的设计和发展的过程，教师不是简单布置任务让学生自主自由应对，而是需要遵循从扶到放、有扶有放、扶放有度的原则，与学生共同规划，经历从确立目标、明确任务，到组建项目团队、提出挑战性问题、分配或者寻找资源、分析比较解决方案，直至形成最终产品或者成果、分享交流展示、反思总结提高的完整过程。

4. 学习成果的自主性和建构性

语文项目式教学强调以学生发展为中心，从人的发展的广阔角度看语文教学所面临的问题及教育的作用。它改变了传统课堂过于注重知识传授的倾向，强调学生应形成积极主动的学习态度，学生由被动接受知识变为主动建构知识，而教师则是项目实施中的合作者和促进者。在项目式教学中，学生以小组合作为主，可以通过查阅书籍、互联网检索、实践活动等多种方式获取学习资源，完成学习任务。这种教学活动具有层次性，由浅入深，由易到难，由表及里，为学生构建了一个动态、开放、交互性的学习环境，有利于培养学生的自主学习和合作学习能力，有利于培养学生的问题意识和质疑精神，真正提升学生的能力与素养。

在项目式教学中，学生的知识和能力是在教师和同伴的互助下自主建构和发展起来的。学生要做的不是对知识进行记录和记忆，而是在一定的情境下，以解决一个任务为驱动性目标指向，采用各种手段、策略，独立或借助教师的支持，自主寻求或自主建构学习意义。简言之，学生解决问题的过程就是主动构建知识、获取知识的过程。

（三）语文项目式教学的构成要素

1. 学习目标

语文项目式教学和其他教学法一样，必须有明确的教学目标。新课标明确了语言建构与运用、思维发展与提升、审美鉴赏与创造、文化传承与理解四个方面的学科核心素养，又将课程目标细化为 12 个能力点。在具体教学过程中，教师要将以上素养和目标分解并有机地融入语文项目中，让学生在建构具体项目任务的过程中，获得知识，发展能力。教学目标除了可观、可测的语文核心素养之外，元认知能力的培养也应得到关注，有些元认知技能虽是"软技能"，却是学生适应未来学习和生活的关键能力。

2. 学习项目

作为教学载体的项目，必须满足以下三个条件。

首先，项目必须包含丰富的语文要素，具有形成语文知识和能力的功能。比如，以"建构网上博物馆"作为项目，完成名著《平凡的世界》整本书的阅读与研讨；以排演话剧为项目，完成《史记（选读）》关于项羽的选文阅读；以"唐诗宋词飞花令大赛"为契机，完成唐诗宋词的学习任务；等等。

其次，项目要具有真实性，能和学生的现实生活相联系，为学生喜闻乐见，能够激发学生的学习热情。

最后，项目成果要具有可展示性，便于交流、优化和迁移。

3．学习小组

在项目学习过程中，学生是以项目实施者的身份出现的。根据项目的规划和设计，班级要建立项目小组，项目小组要建立项目工作单，该项目活动的所有人员都有明确的项目任务，形成"学习共同体"，分工合作，为完成各自的任务而进行参观采访、收集资料、撰写报告、成果建构、产品展示等语文学习活动。在小组项目组长的指导下，大家集思广益，成果共享，交流反思，不断优化项目成果。

4．项目资源

语文项目学习的资源既来自各类文本，也来自多媒体资源和网络资源。除此之外，自然风光、文物古迹、风俗民情、国内外重要事件、日常生活等都是项目学习的丰富资源。在开展项目式教学时，教师要营造"混合式学习环境"，这种混合，既包括课上课下、校内校外的混合，也包括线上线下的融合，将语文项目学习和信息技术深度融合。学生还可利用信息技术制作语文项目成果，并在网络平台上分享。

（四）教师实施语文项目式教学面临的问题和挑战

语文项目式教学的项目主题、学习活动、学习成果要确保语文性。在语文项目式教学中，项目主题、语文知识与能力、语文活动是三个核心要素，项目主题是最直接的内容表现，知识与能力是语文学习的目标，活动则是具体的实现方法，这三者必须高度统一，最终指向语文核心素养，而不能泛化为综合实践活动课。

项目式教学是语文教学法之一，和其他教学法一起促进学生语文素养的形成和发展。项目式教学着眼于学生真实情境中学习能力的表达、建构和发展，但在学科知识点、学科能力点的系统建构、输出方面具有局限性。因此，教师要根据学习内容和学生水平，灵活运用项目式教学。

语文项目式教学成功的支点在于开发建构真实情境中语文元素丰富、富有意义和挑战性的学习项目，要求教师具有较高的基于现实生活、学生生活的课程开发、整合、建构能力。

项目式教学一个周期少则一两周，多则一个、一个学期甚至一个学年。学校教学有明确的教学任务和教学时间，如何科学规划项目实施，确保语文教学任务顺利完成，对教师的课程实施能力又是一个挑战。

三、语文项目式教学与学科核心素养发展

语文课程是一门学习语言文字运用的综合性、实践性课程，其特点是工具性与人文性的统一。语文课程应引导学生在真实的语言运用情境中，使学生通过自主的语言实践活动，积累言语经验，把握语言文字的特点和运用规律，加深对语言文字的理解与热爱，培养运用语言文字的能力。

普通高中语文课程，应在义务教育的基础上，进一步提升学生的语文素养，帮助学生形成良好的思想道德修养和科学人文修养，为学生终身学习和全面而有个性的发展奠定基础。

语文学科核心素养是学生在积极的语言实践活动中积累与建构起来，并在真实的语言运用情境中表现出来的语言能力及其品质；是学生在语文学习中获得的语言知识与语言能力，思维方法与思维品质，情感、态度与价值观的综合体现。语文学科核心素养主要包括语言建构与运用、思维发展与提升、审美鉴赏与创造、文化传承与理解四个方面。

（一）语文项目式教学和语言建构与运用

语言建构与运用是语文素养整体结构的基础层面。在语文教学中，

要拒绝"纯内容分析式"的讲读教学，而应从具体语言文字的运用入手，通过对语言的品味、咀嚼来探索文本的意蕴，或者从整体阅读的感悟出发，到语言文字中找出认知的依据。语文是一门工具性学科，其核心素养的四个方面中，语言建构与运用是其他三个方面的基础。语言建构是出于表达思想的目的，在个人的言语经验基础上，按照语言内部系统来建构起自己的言语表达体系。其中，语言建构是语言运用的前提，而运用是建构的重要途径。

项目式教学是依据课程标准和课程内容，以项目研究、项目实施为基本学习方法，由教师创设教学情境，以项目问题的生成、探究、解决、运用培养学生的创新精神和实践能力，全面提升学生核心素养的一种探究式教学方式。在语文项目式教学中，学生能积累较为丰富的语言材料和言语活动经验，具有良好的语感；在已经积累的语言材料间建立起有机的联系，将自己获得的语言材料整合成为有结构的系统；理解并掌握汉语言文字运用的基本规律，凭借语感和语言运用规律有效地完成交际活动；依据具体的语言情境，有效地运用口头和书面语言与不同的对象进行交流，将具体的语言作品置于特定的交际情境和历史文化情境中理解、分析和评价；通过梳理和整合，将自己获得的言语活动经验逐渐转化为富有个性的具体的语文学习方法和策略，并能在语言实践中自觉地运用。

（二）语文项目式教学和思维发展与提升

思维发展与提升是指学生在语文学习中，通过语言运用，获得直觉思维、形象思维、逻辑思维、辩证思维和创造思维的发展，以及深刻性、敏捷性、灵活性、批判性和独创性等思维品质的提升。

思维是人们进行逻辑推导的属性、能力和过程。语文思维是学生在听说读写活动中与言语同步展开的思维活动与思维能力，思维能力的发展关系到学生的可持续发展与全面发展。思维发展和语言发展是同步的，思维品质的发展与语言建构及应用有直接关系。语文课堂要使学生借助语言运用来提升思维品质，培养良好的语感，还要使学生整理已有的知识，吸收外在的思想，进而达到提升的目的。

语文学科兼具人文性和工具性，人文性强调的是课程的思想性，而工具性强调的是课程的知识性，二者都需要学生借助逻辑思维、形象思维、批判性思维、发散性思维去分析归纳，去探究生活、社会、文化乃至哲学层面的问题，进而形成核心素养。语言是思维的物质存在，因此发展学生的思维是语文学科的核心任务。

在项目式教学中，整个教学过程重视思维情境的创设，帮助学生形成语文思维。语文思维情境是在阅读教学中促使思维发生、发展的一切内外部条件的总和。语文学习是极具个性的情感体验过程，它包含想象、审美、冶情等心理体验。情绪体验的特性使课堂教学情境一定程度上不是那么明显外露，但它对语文思维生成的影响却是外显的。项目式教学下的语文课堂教学中，教师的作用不再局限于教授语文知识点，也不仅仅止于帮助学生构建完整的知识体系，还体现在关注学生核心素养的发展，特别是思维能力的生成。学生的学习也不再局限于记忆教师教授的知识，还体现在通过积极地进入情境、参与课堂、探究问题、解决问题、完成项目，最终提升思维素养。

在项目式教学过程中，对项目问题的探究可以引起师生之间、生生之间的质疑与思维碰撞。教师就可以趁机捕捉思维触发点，提高学生思维深度。思维深度即思考的深入程度。语文思维发展的主阵地在课堂，课堂上师生研究的知识、现象、情感，就是学生思维的触发点。思维的触发点在课堂上呈现的主要方式是问题，提高思维深度的有力途径便是让学生学会质疑。质疑是学生语文思维活动得以开展的重要体现。教授应在文本开发的基础上，有效设问，做到强化问题意识、规划问题结构、细化问题环节，让问题成为学生思维深化的源点，进而激发学生的更深、更广、更活跃的思维。

在语文项目式教学中，学生能获得对语言和文学形象的直觉体验；

能在阅读与鉴赏、表达与交流、梳理与探究活动中运用联想和想象，丰富自己对现实生活和文学形象的感受与理解，丰富自己的经验与语言表达；能够辨识、分析、比较、归纳和概括基本的语言现象和文学形象，并能有依据、有条理地表达自己的观点；能运用基本的语言规律和逻辑规则分析、判别语言，有效地运用口头语言和书面语言与人进行交流，准确、清晰、生动、有逻辑性地表达自己的认识；运用批判性思维审视言语作品，探究、发现语言现象和文学现象，形成自己对语言和文学的认识；能自觉分析和反思自己的言语活动经验，提高语言运用的能力和思维的深刻性、灵活性、敏捷性、批判性、独创性。

（三）语文项目式教学和审美鉴赏与创造

审美鉴赏与创造是指学生在语文学习中，通过审美体验、评价等活动形成正确的审美意识和健康向上的审美情趣，并在此过程中逐步掌握表现美、创造美的方法。语文活动是学生形成审美体验、发展审美能力的重要途径。"审美鉴赏与创造"的培养要求学生能感受汉字独特的美，表现出热爱汉语言文字的感情；要求学生能够感受和体验语言文学作品所表现的形象美和情感美，能欣赏、鉴别和评价不同时代、不同风格的语言和文学作品，分析其思想情感和语言特点，具有正确的价值观、高雅的审美情趣和高尚的审美品位；要求学生能够运用汉语言文字表达自己的审美体验，表达自己对美好事物的情感、态度和观念，表现和创造自己心中的美好形象，具有创新意识。

审美活动在本质上是形象思维活动，很难用一般的逻辑语言来概括，而是需要通过生活本身的形象规律来实现。所以在审美鉴赏与创造的过程中，教师需要培养学生的审美感知力、想象力、理解力及创造力。一草一木，一山一水，只要审美主体感知后，加以想象，无声的文字符号就会变成充满感情的语言，无形的画面就会变成栩栩如生的景观，隐匿于字里行间的美就会自然地跳脱出来。我们通过想象，使那些"见所未见，闻所未闻"的形象鲜活起来，并通过自己的想象与理解，再造审美形象，完成审美创造。学生的想象力越丰富，对审美对象的再现就越真实，对审美形象的再创造就越具体，学生的知识宝库就越丰盈，学生的审美鉴赏与创造的基础也就越厚实。

在项目式教学中，教师可以让学生通过阅读、体验和写作来提升审美鉴赏与审美创造能力。这里所说的阅读，既指单篇的阅读，更强调整本书的阅读。整本书篇幅更长，主题更复杂，意蕴更丰富，更能锻炼人的思维能力。所以，教师应引导学生通过"整本书阅读"的过程发现美，体验美，鉴赏美，评价美。学生从整本书中汲取信息，丰富语言，比较对照，融合已知，浸入情感，使"整本书"内容与成长经验相融合，使"整本书"思想与个人思维相融合，从而获得人生感悟，获得情感体验，获得精神享受，获得自由想象，使阅读因升值而成为真正意义上的"悦读"。

语文课程的阅读，尤其需要项目式教学这种方式。古今中外经典名著的阅读，需要学生以浸入式的深度去体验，促进问题探究，引发深度学习。在项目式教学下，学生不再依赖教师的传授，而是经历一个"发现问题—提出问题—研究问题—寻求佐证—形成成果"的鲜活的体验过程，避免了阅读的碎片化、浅表化。这种项目化下的深层次阅读，能让学生最大限度地汲取名著营养，增加语感积累，扩大知识面，丰富精神世界，提高综合核心素养。

在阅读中感受美不是语文美育的终极目的。学生在长期欣赏文学形象之美、感受科学严谨之美的基础上，还应该拓宽视野，体验生活中的真善美，体验自然万物的真实美，并学会融入自己独特体验和独立思考的创意表达，富有创意地表现美和表达美。语文课程应增进学生对汉语言文字的美感体验。汉语和汉字是世界上非常有特色的语言文字，只有了解了汉语言文字的特点，才能热爱汉语言文字，产生学习语文的兴趣，把握学习语文的正确方法，体会汉语与汉字的美。文学是语言的艺术。语文课程中的阅读要让学生感受和体验文学作品的语言、形象和情感之美，加深学生对作品的真实体验。语文课堂的活动设计应力求提高学生的审美情趣，进而提高学生的鉴赏能力，通过表达与交流，激发其创造力。

（四）语文项目式教学和文化传承与理解

文化传承与理解是指学生在语文学习中，继承和弘扬中华优秀传统文化、革命文化、社会主义先进文化，理解和借鉴不同民族和地区的文化，拓宽文化视野，增强文化自觉，提升文化自信，热爱祖国语言文字，热爱中华文化，防止文化上的民族虚无主义。每一个国家和民族都要首先发扬自己的优秀文化。中华文化博大精深，源远流长。传承中华优秀文化时，我们要辩证地继承文化遗产，真正读懂文典，将历史面貌还原，用正确的价值观进行判断，站在现在的高度，用历史的、辩证的眼光来辨别和继承。各个国家都有自己的文化，对于其他国家的文化，我们要批判地学习。尤其是世界文学名著，往往是世界文化的高峰，只有用人类文化的高峰来武装自己，我们才能站在人类发展前沿。

在语文项目式教学中，学生能借助语言文字，体会中华文化的博大精深、源远流长，理解并认同中华文化，形成热爱中华文化的感情，继承中华优秀传统文化，提高道德修养，增强文化自信；能借助语言文字的学习，初步理解、包容和借鉴不同民族、不同区域、不同国家的文化，尊重多样文化，吸收人类文化的精华；能关注并积极参与当代文化传播与交流，在运用汉语言文字的过程中，提高自己的文化自觉，初步形成对个人与国家、个人与社会、个人与自然关系的思考和认识，树立积极向上的人生理想，增强为民族振兴而努力的使命感和社会责任感。

中华优秀传统文化是中华民族经过几千年的发展所流传下来的精华，是民族的宝贵财富与精神所在。实现优秀传统文化的传承是我们每一代人的历史使命。项目式教学采取多种形式让学生了解传统文化的内涵和意义，重视文化传承，让青少年成为传统文化的载体。高中语文教材中有大量的古代文学作品，其中蕴藏着丰厚的中华优秀传统文化。把这些蕴含丰富营养的古代文学作品进行项目化学习，可帮助学生树立正确的世界观和人生观，使学生的情操受到陶冶、心灵受到熏陶，更热爱祖国灿烂文化对古代文化产生浓厚的兴趣，自觉传承与弘扬我国优秀的传统文化与民族精神，从而提高学生语文素养，实现素质教育要求，落实新课标教学理念。

在项目式教学背景下，教师可以以学生为主体，直接开展对传统文化的研习。这不仅能够丰富学生的知识储备，提高学生的文化修养，培养学生的爱国主义情怀，也符合新课程改革背景下语文传统文化的教学工作。可举办与传统文化有关的比赛，比如举办古诗词默写竞赛，既可以加深学生对古诗词的理解，也可以提高学生的书法水平，并且古诗词书法比赛中的获奖作品也可以悬挂在教室的墙壁上，用来营造传统文化的学习氛围，一举多得；举办成语故事比赛，让学生以讲故事的形式将自己所了解的成语背后的故事讲述出来，既能加深学生对故事背后寓意的理解，也能让学生的视野更加开阔，实现对传统文化的传承。教师还可借助节日习俗，传承优秀传统文化。传统习俗教育是传统文化教育的重要组成部分，只有让学生真正了解传统习俗，才能期望他们延续这些传统。在春节、元宵节、端午节、中秋节等传统节日时，教师可以让学生挖掘和整理传统节日的丰富内涵，参与传统节日的各种实践，体验传统节日的文化氛围，进而弘扬中华民族优秀传统文化。

项目式教学主张围绕一个具体的项目创设情境，引导学生在解决问题的过程中习得知识。在语文项目式教学中，学生围绕特定任务，通过自主言语实践活动，能真正将知识内化为能力，并能在情境的体验中将其凝结为素养。项目式教学中，教师创设了一个或数个具体的任务情境，设计适宜的任务驱动教学。学生要解决这些任务必须进行自主学习，这就凸显了"教学要以学生为中心"的理念。

第二节 语文项目式教学系统的构建

一、项目式教学的理论前提与方向依托

(一) 以对项目式教学的理解为前提

项目式教学是将某门专业课程按类别分为若干能力单元，每个能力单元作为一个教学项目，实行理论、实践一体化的单元式教学。每个单元教学都应以运用该项学科能力完成一个作业结束，并能服务于下一个项目单元的教学。简言之，项目式教学是一种方法，更是一种方案。

每一个项目单元的设计，都应该有一个清晰明确的能力目标。合理、有效的教学目标，能让项目活动有针对性、实效性、可操作性，能有效克服项目式教学活动中的随意性、盲目性、重复性，是教学活动的指挥棒。

(二) 以国家育人需要与学科核心素养要求为导向

始终坚持以习近平新时代中国特色社会主义思想为指导，落实立德树人的根本任务，遵循教育规律，着力发展学生的核心素养，促进学生个性化发展。这是新的语文课程设计的根本依据，同样也应是教师进行项目式教学目标设定的核心导向。

学科核心素养是学科育人价值的集中体现，是学生通过学科学习而逐步形成的正确价值观念、必备品格和关键能力。项目式教学活动作为学科教学的一种方法、学科育人的一种途径，活动目标的设定必当符合核心素养培养的要求。语文核心素养主要包括语言建构与运用、思维发展与提升、审美鉴赏与创造、文化传承与理解四个方面，其中，语言是基础，其他几个方面都是以语言的建构与运用为基础，在学生个体言语经验发展过程中实现的。

（三）以项目素材的文体特点为依托

语文项目式教学的活动设计，应根据不同文体的具体特点，确定不同的学习目的，设计不同的项目任务。以"整本书阅读与研讨"项目设计为例，如若选择阅读一部长篇小说，目标设定重在引导学生反复阅读品味，深入探究，欣赏语言表达的精彩之处，感受、欣赏人物形象，探究人物的精神世界，体会小说的主旨，研究小说的艺术价值。如若选择阅读一部学术著作，目标设定重在学会梳理全书纲目关联，做出全书内容提要；把握书中重要观点和作品的价值取向；了解本书的学术思想及学术价值；探究书册的语言特点和论述逻辑等。也就是说，语文学科的项目活动设计意在结合所阅读的作品，在了解不同文体作品写作的一般规律的基础上，根据诗歌、散文、小说、剧本等不同艺术表现方式的具体特点，引导学生从语言、构思、形象、意蕴、情感等多个角度欣赏作品，以提升相应的语言建构与表达的能力、获得审美体验、认识作品的美学价值为项目活动目标设定的主要依托。

（四）以不同项目任务的能力指向为着眼点

每个具体的项目活动设计都有其相应的语文能力的训练目标，而这种能力目标亦决定了项目活动目标的最后确定。

项目活动是以学生完成一个最终的项目成果作为结束的，而语文学科特点又决定了语文教学重在关注过程而非结果，合理的项目目标的设定则在其中发挥了必要的桥梁作用。项目目标既是活动过程中预期实现的能力训练目的，也是项目成果完成的必要条件，因此，项目目标的最终确定是要以具体项目的能力训练指向为着眼点，并结合具体学段的学情完成的。

二、项目式教学的素材收集与问题设计

（一）素材收集

在语文项目式教学中，教师除了要创设问题情境和挑战性任务之

外，还要为学生提供尽可能丰富的学习资源。语文项目式教学的资源离不开各类文本，包括口头材料、书面材料和视觉材料。此外，语文项目式教学应和信息技术深度融合，包括多媒体技术、网络技术、移动学习技术与传统媒体技术等。教师应整合教学内容，合理运用信息技术，一方面将整合的教学资源通过网络进行推送，另一方面通过网络进行交互式学习。学生可利用信息技术制作出语文项目成果，并在网络平台上分享。在线上线下结合的混合式学习环境中，学生获得的学习资源更为丰富，学习时空更为宽广，学习社群更为多元，学习反馈更为及时。

项目式教学素材可分为探索性素材、跨学科性素材、长期性素材、多层次性素材、实践性素材、开放性素材等。

1. 探索性素材

项目式教学作为一种让学生开展创作、验证、完善、制作出一定"产品"的活动，其内容可以是模型、产品、剧本、发明创造等各种类型。项目式教学的过程通常为发现问题、提出问题、分析问题和解决问题，并包括假设、验证、结论、评价等各个阶段。在项目式教学过程中，学生需要进行全方位、多角度的细致思考，将发散思维和集中思考相结合，如此才能解决问题。因此，项目式教学能够培养学生的探索精神和创造思维。学生可以挑选自己感兴趣的项目式主题，以更好地发挥自己的能力，真正成为学习的主体。

2. 跨学科性素材

项目式教学所涵盖的内容要远大于传统的学科课程，而且通常不局限在特定学科范畴内，具有跨学科的属性，在学习的过程中需要整合其他学科的知识和技能。特定学科的课程培养目的单一，即培养学生的学科能力；而项目式教学则需要整合多学科的基础知识、研究方法和当今社会的热点问题，是超越了学科框架的整合，旨在培养学生解决实际问题的能力。因此，项目式教学通常需要学生通过多种方式，包括翻阅书籍、查询网上资料、面对面访谈，甚至是进行实验操作来开展具体研究。这就有可能出现针对同一个主题的项目式教学，不同学生收集了不同的资料，得到并不完全相同的结果，这一点与传统的教学模式形成了鲜明的对比。

3. 长期性素材

与其他教学方式不同的是，项目式教学并不局限在一节课或几节课，而是通过若干节课甚至将整个学年串联起来，持续较长的时间，这就需要参与项目式教学的学生更加有效地调动时间、资源和工具。同时，教师作为项目的指导者也应当更好地指导学生妥善地安排时间，合理地利用资源，制定并遵照进度表开展项目式教学研究。

4. 多层次性素材

不同年级的学生参与项目式教学的能力和素质不同，因此可以按照年龄来进行项目式教学的分层与分段。对低年级的学生来讲，更多的是由教师来完成课题选择，教师在选题时通常从学生日常所熟悉的生活、学习环境入手，选择与家庭、同伴、学校相关的主题，突出当地的人文和历史文化特色，教师发挥制订计划、过程监控、结果评价等指导作用，指导学生用掌握的基本学习技能来完成项目式实践；而对于高年级学生来说，教师通常不直接决定课题来源，而是采取师生合作的方式商定课题，选取的范畴则可以从社区、城市扩大到国家、世界，教师在项目开展的过程中指导学生的频次也会降低，在学生发挥主体作用开展研究的过程中进行适度的指导和帮助，并对最终学习成果进行督导。

5. 实践性素材

与传统教学模式不同的是，项目式教学摆脱了教师传授书本知识的局限，学生可以根据自己的兴趣、目标和需求，进行参与和研究。项目式教学实践的内容是多种多样的，一个项目通常会融合多方面的理论知识和实践操作，锻炼学生多方面的技能。项目式教学的立项通常来源于生活，学习的场景是具体、真实的，学生所面对的问题是贴近生活的。

6. 开放性素材

项目式教学不局限于书本上规定的特定知识体系，选题也都来源于学生的日常生活和学习实践，偏向于捕捉、研究、解决学生关注的一些社会问题或科学思考，范畴非常广。即便是针对同一个项目式课题，学生也可以按照自己的思路和特长，运用不同的设计方案、研究方法、学习方式和成果总结来进行学习。项目式教学的学习过程是开放的，学生有更广阔的发挥自己的才能和特长的空间。项目式教学并不指向知识学习方面的特定目标，其目标具有开放性；启发学生关注身边的生活和不断发展变化的世界，其内容具有开放性；允许学生自主决定研究方式，采取独立完成或小组合作的方式，其过程具有开放性；强调在研究过程中学生的学习体验和创造性表现，其评价标准具有开放性。总而言之，学生可以根据研究课题和自身的能力特长选择适当的学习方式，学校和教师根据实际条件和学生的特点进行差异化指导，以不同的课程目标、实施方式、课程安排和评价方式，来保证项目式教学所具备的开放性特点。

（二）问题设计

1. 问题的内涵

问题是指这样一种情境：个体想做某事，但不能马上知道完成这件事所需采取的一系列行动。每一个问题都包括三种成分：①给定信息，指有关问题初始状态的一系列描述；②目标，指有关问题结果状态的描述；③障碍，指在解决问题的过程中会遇到的种种亟待解决的因素。问题有两个关键特征：第一，问题是某种情境（指目标状态与当前状态之间的差异）下的一个未知状态；第二，发现或解决这个未知状态必须具有一定程度的社会、文化或智力上的价值。

问题解决就是指由问题所引发，运用一定的知识和认知策略去形成一个新的答案，超越过去所学规则的简单应用而产生一个解决方案。这意味着，问题解决者需要组合已经习得的概念、命题和规则，来达到一定的目的。

2. 问题的类型

（1）本质问题

本质问题，是指在特定学科中、人生发展历程中和对世界的探索理解中最重要、最基础、最长久的问题。本质问题是核心，是理解的基础。本质问题往往是抽象的、宏观的，会与一个人的世界观、人生观、价值观相关联。

本质问题存在于学科和跨学科的核心概念中。一个学科中的本质问题指的是学科中的大概念，是这个学科领域的关键探索和核心认知，是一个学科在其发展历程中无法绕开的问题。本质问题起到一个统领和聚合的作用，可以将这个学科中孤立的、零散的知识进行一个很好的归纳和提炼，将它们整合起来。当然，对本质问题的思考也意味着学生已经进入学科的深层，已经开始对这些问题进行有效思考。跨学科的本质问题往往指向人生、社会的根本性问题，这些问题具有广义性、普遍性。本质问题不可能在某一堂课上完成回答，也很难用简单的语句和逻辑来解答。在这种情形下，项目式教学就能很好地把这些内容串联起来，找到问题的导火索，让学生不断深入研究，推动研究的发展，在常论常新的研究过程中寻找具有时代意义的答案。

（2）驱动性问题

在项目式问题设定和任务聚焦过程中，应当重视提出开放的、对学生友好的驱动性问题。

知识的获得来源于对问题的认识和解决的过程。学习开始时遇到问题，问题本身推动了解决问题和推理技能的应用，同时也推动了学生学习关于此问题的知识和结构及解决问题的方法。

项目式教学的根本就是以对特定问题的思考来激发学生对某种概念的探索。项目式教学的核心关注点是项目设计者要提出本质问题，但是本质问题往往比较抽象、比较宏观，学生受年龄、阅历和知识储备的限制，有时会难以接受。因此，将这种本质问题转化为驱动性问题，就会更好地激发学生的研究兴趣，促使他们更好地投入研究。当然，驱动性问题虽然较本质问题简单一些，但对于学生来讲也是具有挑战性的。

为确定项目式设定的驱动性问题合理与否，首先就需要确定该问题在现实生活中是否具有可行性。这包括两层含义：一是确定问题解决所依托的现实环境和可以利用的资源是否真实存在，且在学生需要的情况下，教师能够满足这方面的需求，即要求驱动性问题反映现实生活中的真实问题；二是教师在设定问题时，要对学生的学习能力、知识储备、知识结构等进行科学合理的评估，并关注教师自身的掌控能力和引导能力。

一个好的驱动性问题是可以引发高层次思维活动的，并且能够提供具体的组织结构，使得信息和所提供的内容具有现实意义。巴克教育研究所（Buck Institute for Education，BIE）在更新项目式教学"黄金准则"的过程中，将驱动性问题改为挑战型问题。他们认为，挑战型问题需要学习者的价值判断，挑战型问题更有哲学意味。这种变化表明巴克教育研究所对该问题的认识发生了改变，即从学习者感兴趣、友好的驱动性问题，转向对学习者的思维和价值观带来挑战的问题。这两种问题都有存在的价值和意义，它们具有不同的功能：挑战型问题会给学生的理解和学习带来认知冲突；而驱动性问题则是通过兴趣吸引学生投入项目式教学。如果只有挑战没有驱动，就不能很好地激发学生的主动性；但如果只有驱动没有挑战，项目式教学就会变成华而不实的趣味游戏。

驱动性问题和本质问题具有较大的区别。驱动性问题是将抽象、深奥的本质问题，转变成符合学生年龄特点且能够让他们产生兴趣的问题。本质问题相对比较抽象，驱动性问题则非常具体，能够融入学生感兴趣的情境中。驱动性问题让学生有充足的代入感，同时还具有开放性、不确定性等特点。与此同时，驱动性问题并不是简单地搜集信息，而是需要学生运用以往掌握的知识储备来进行更深层次的学习，是指向核心知识的。因此，驱动性问题更有趣味性，但并不意味着思考质量的降低，驱动性问题同样也可以引发学生进行高阶思考。驱动性问题能够直接影响项目式教学的最终结果，不同的驱动性问题会带来完全不同的实践过程和研究成果。

3. 问题设计模型：课程框架问题

（1）课程框架问题的主要要素

①基本问题

基本问题是整个项目式教学（包括跨课程项目）中具有高度概括性的框架性概念，是整个问题体系中最抽象、最高级的开放性问题。项目式问题的设计通常围绕具体项目展开，并与其他项目相关联，用以推动学生思维的发散。如关于文学作品的项目式教学，其基本问题就可以设定为"该文学作品是如何反映文化的"。

②单元问题

单元问题通常是在基本问题的基础上，针对项目内容本身向外延伸的问题，可以起到引导学生思考、推动项目有序开展等作用。单元问题与选定的某个主题或者单元相关，针对的是一个分解的具体项目，需要项目管理者引导学生在对研究对象进行"为什么"的研究的同时，不断探索"怎么办"等深层次问题。

③内容问题

内容问题可以理解成传统教学活动中，教师提出来让学生进行回答的问题，通常涉及具体化的知识，针对的也是具体的教学内容。这些内容相对来讲是比较封闭的，但与教学的内容息息相关，对学习目标和学习内容起到了直接的支撑作用。

（2）课程框架问题的设计模式

①"自下而上"模式

这一模式按照"内容问题—单元问题—基本问题"的顺序来设计课程框架问题，思路是由细节入手，逐渐向深度和广度拓展，类似于写作中的"分—总"结构。一般情况下，这种框架设计模式适用于初学者或刚刚接触项目式的学习者。

②"自上而下"模式

与"自下而上"模式相反，这种模式按照"基本问题—单元问题—内容问题"的顺序进行课程框架问题设计。对于具体项目而言，首先按照项目所涵盖或涉及的范畴，结合项目与项目的交叉部分设定能够激发学生深层思考的基本问题，之后基于项目内容进行延伸并开展综合性分析总结，设计出进一步拓展学生潜能的单元问题，最后在项目实施的过程中提出问题并一一进行解决。

4. 驱动性问题设计的教学起点、课堂关键和过程体现

（1）项目式教学驱动性问题设计的教学起点：目标分解设计

项目式教学目标的设定决定了项目式教学的问题设定，并且项目式教学目标在设定的时候就应当体现出不同于传统教学目标的创新。项目式教学是学生根据自己的学习兴趣，通过独立开发学习资源并创造学习成果来实现的。因此，目标的设定就应当更好地体现学生个体之间的差异。项目式教学的目标设定应当按照基础目标和提升目标进行区分。基础目标指的是学生在自主探索和参加活动的过程中，及时掌握并消化基础知识。基础目标是面向全体学生的，也是传统课堂上所不可缺少的。提升目标是针对特定学生的，是指在掌握基础知识的基础上，利用问题设定、项目研究，追求更深层次的知识创造，不断激发学习潜能，全面提高个体素质。

①项目式教学目标要清晰、明确

基础目标应包括理解、鉴赏，提升目标则应包括表达、协作和评估。以语文教学中的诗歌教学为例，在传统诗词教学过程中都会注重理解和鉴赏两个层面，要求学生掌握诗词写作内容、艺术手法、作者基本情况、写作时代背景等基本知识；但表达、写作、评估就应当归为项目式研究范畴中，即通过活动探讨、交流对话、小组讨论、协作研究、创作实践等方法，解决非现成的知识性问题，提升学生的欣赏理解、口语表达、写作等能力，以项目式的学习和研究方式激发个体学生的创新思维，促进核心素养的形成和发展。

②项目式教学目标在设定时应同时讲究开放和精细

项目式教学并不是完全放手让学生进行自我创造，最后得出一个笼统的结果，而是由教师在项目式教学进行的全过程积极发挥引导作用。

问题既可以由教师设计，也可以由学生设计，或者师生共同确定。教师可以先期提供充分的学习素材，让学生在吃透素材的基础上根据自身的学习和实践能力确定研究的课题，并由自己或与身边同学一起来寻求解决方案。这样学生就可以更加主动地思考如何设定项目主题和结构、如何在实施过程中细化和分工、如何寻求帮助和支撑等问题。项目式教学本身具有个性化的特征，因此，师生共同参与问题设计和项目实施会取得更好的效果。

（2）项目式教学问题设计的课堂关键：思维品质训练

项目式教学的目的不仅仅是推动学生解决某个复杂问题，而是在此基础上锻炼学生的思维能力和思考品质。在学习的过程中，教师和学生都要综合考虑一系列问题，如在问题设计的过程中体现出逻辑思维、创造思维、辩证思维等特点。因此，在高中教学中应当更大规模地推动基于思维品质训练的教学项目，部分或全部取代传统意义上的课堂讲授。从教师来看，项目式教学对思维有着很好的规划，而且是符合课标要求和教学目标的；从学生来看，项目式教学能够培养思考和学习的习惯，能够更好地推动个人素质的提升。

（3）项目式教学问题设计的过程体现：真实学习情境

理想的学习氛围和真实的学习情境可以提高学生的学习兴趣，而项目式教学倡导学生真正成为学习的主体，也符合杜威（Dewey）提出的"做中学"的理念。新课标也提倡在真实的语文生活环境下开展深度学习，提倡学生在语文实践活动中实现教学目标。教师可以充分利用社会化的材料和社会化的真实场景，创造性地开发教学资源，一方面，在课堂中以学生分组合作的方式开展项目研究；另一方面，基于真实的项目设定问题，让学生在思考问题的过程中获得真实的学习体验。

三、项目式教学的活动组织

（一）项目活动的内涵

项目活动是项目式教学方式的灵魂和核心，是项目式教学最直观的体现。项目活动没有时间限制，强调"做中学"，要求在真实情境下探索的连续性和师生的互动。项目活动提供一定的真实情境，鼓励学生积极参与与发现，并用多种形式进行表现。

　　项目活动会跨学科、跨领域，因此，项目活动的设计要周密，要有学科指向性。对于语文学科来说，要突出语文学科的本质特点，活动要求要合理，使学生在做项目活动时能充分调动本学科课内、课外资源，更应该有学生的作品资源；以不同形式激发学生展开深刻的思考，通过视听语言、文字语言等不同方式，给学生更大的冲击。项目活动越具体，越可以操作，越有指向性，就越容易被学生把握。开展项目活动，需将教师专业的引领与学生的独立探索相结合，并借鉴成熟的案例研究，师生共同寻找丰富的研究素材，制定项目活动，在具体的实践情境中共同完成项目目标。

（二）项目活动的意义

　　项目活动旨在帮助学生实现阅读重构，让学生在活动中关注作品人物，把握事件的完整性，把散落在各个章节的信息抽取出来，实现整合。项目活动，可以让学生从碎片化走向整体化，完成信息的重构，培养学生对文本的重构意识。

　　教师通过项目活动设计，帮助学生建构起他们应思、应想的内容，培养学生成为学习的积极反应者，使学生能够在活动中自我调节活动的内容、方向、进度、难易，成为真正具备高水平学习能力的未来学习者。

　　项目活动的完成，不仅意味着驱动问题得以解决，还意味着学生的小组合作、解决问题、沟通交流、信息分析等能力的提升，以及分析、比较、创新等认知水平的大幅度提升。项目活动过程中，阅读和查找所需材料还可以让学生开阔文化视野，理解、借鉴不同民族和地区文化，继承中华优秀传统文化，提高文化自觉，增强文化自信。

（三）项目活动的特点

　　项目活动的设计不是凭空想象出来的，不是独立于项目式教学目标总设计之外的。项目活动的大小由教学目标决定，项目活动的课程持续时间长短自由，也可根据教学情况适度调整。

项目活动强调课程的"动态设计""随机生成"，它不是一成不变的。也就是说，项目活动的方案虽然是预先确定的，但只是预先有一个大概的"项目框架"，而后，在教学互动中，教师根据学生的反应，即学生的兴趣、经验、问题、意见或建议等不断进行调整、修订、发展，甚至完全改变预先的项目活动，生成新的"项目"，这就是"弹性活动"。

项目活动有如下特点。

1. 建构性

在项目活动中，项目活动给学生提供发挥自身潜力的空间，学生在经历中亲身体验知识的产生，并建构自身的知识，甚至跨学科学习。因此，教师要紧紧围绕"语言建构与运用""思维发展与提升""审美鉴赏与创造""文化传承与理解"这四个维度的语文学科核心素养去设计项目活动。

2. 灵活性

项目活动依据教学目标有预先的项目活动设计，但它是有弹性的，是灵活的。随着教学环节的深入和教学实际中一些不可预期的情况出现，教师是可以和学生一起互动，调节更改项目活动的，以期更好地完成项目式教学的目标。

3. 挑战性

项目活动所要完成的教学目标是具有一定难度的，不仅是已有的知识、技能的应用和信息的整合，更要求学生运用已有的知识、技能和信息，在一定范围内学习新知识、新技能，获得新的信息感悟，并通过说、读、写等方式完整清晰地表达出来。

(四) 项目活动的实施步骤

1. 制定项目目标

项目活动应该是依据项目任务设计的，是为项目目标服务的。教学中要先确立项目目标，然后再设计符合教学目标和学生兴趣及认知规律的项目活动。教学目标是项目活动的基石，没有明确教学目标的项目活动就是空中楼阁。因此教师要设计出针对真实情境下的驱动问题，精准且有梯度地设计教学环节和学习任务。

2. 设计项目活动

项目活动是灵活的、多变的，是可以根据具体的教学实际情况和项目活动实践进行调节的。无论是大项目、小项目还是微项目，项目活动的设计都应体现出项目式教学完整的实施过程与时间安排。需要注意的是，项目式教学需要在教学计划可行的限度内提供充分的学习时间，以满足学生围绕项目活动问题进行持续性探索的需要。

明确了教学目标后，就要思考通过什么样的项目活动来实现项目目标，完成教学任务。项目式教学可以是整本书的项目式教学，也可以是单篇或者某一单元的项目式教学。当然，如果可以的话，也可以两两交叉互动进行。

3. 项目活动的开展

首先，学生依据自身特长和学习情况自愿组成项目活动小组，各个小组依据自己的项目活动任务制订具体的项目活动方案和项目活动时间计划表。

其次，项目活动小组成员依据活动任务分工，完成自己负责的部分。在这个过程中，教师要不断地与小组负责人进行沟通并给予适当指导，建议可以在适当时间开设交流答疑课。为了避免最后项目活动展示环节形式的单一性，教师应鼓励学生针对所要解决的问题和所提出的方案及结论进行批判性、创新性思考，从而更好地激发学生的创新思维。教师在这一过程中应扮演好组织者与引导者的角色，确保探究过程顺畅有效进行。

再次，作品制作和完善。这里的作品既包括实践性作品，如模型、课本剧、音乐、动画等，也包括语言文字的作品，如书信、课本剧台词、歌词、实践作品的介绍词等。在此过程中，教师要鼓励学生围绕自己的作品展开进一步的讨论，以使作品更加完美。

最后，展示项目活动作品。各小组对所制作的作品面向全班进行公开展示，分享自己在探究过程中发展及形成的观点。项目活动作品展示交流环节的主导权应完全交给学生，由学生自主进行展示、问答与讨论。如果需要的话，还可以由学生决定为了更好地得出最终结论而应当继续进行的下一步探究。展示环节是体现学生深度学习和深度思考的重要活动内容，小组成员在互助学习、合作交流的基础上形成整体的展示思路、展示内容、展示环节，从而达到对人文底蕴和科学精神的进一步培养与升华。

四、项目式教学的评价原则与评价方法

(一) 评价原则

1. 着眼于核心素养的整体发展

语文课程评价的根本目的在于全面提高学生的语文核心素养。项目式教学评价的过程即学生学习的过程，教师应围绕阅读与鉴赏、表达与交流、梳理与探究等学习活动，在具体的语文学习情境和项目活动中，全面考查学生核心素养的发展情况。

语文课程评价要综合发挥检查、诊断、反馈、激励、甄别、选拔等多种功能，不能片面强调评价的甄别和选拔功能。评价不仅要关注学生外在的学习结果，更要关注学生内在的学习品质。教师要通过评价引导学生学会学习，使其自觉提升语文学科的核心素养。

语文教师要有意识地利用评价过程与结果，发现学生学习的个性特点和具体问题，及时引导，提出有针对性的建议，激发学生学习的动力。同时，教师要依据评价结果反思日常项目式教学，优化项目设计，调整项目策略，完善项目过程，为学生语文核心素养的发展提供有力支持。

2. 全面把握项目和学习任务群的特点

语文项目课程评价要把握项目的特点、语文学习任务群的特点及二

者之间的关系，综合统筹评价过程。每个项目学习目标与内容，以及项目所涉及的任务群的具体内容，既各自独立，又彼此关联。因此，语文项目课程评价既要突出每个任务群的学习重点，又要兼顾任务群之间的联系，体现学习目标、内容与评价的一致性。

教师在评价时要充分考虑语文项目实践活动的特点，注意考查学生在活动中表现出来的参与程度、思维特征，以及沟通合作、解决问题、批判创新等能力，记录学生真实、完整的项目学习过程。

3. 倡导项目评价主体的多元化

鼓励学生、家长、教师、教学管理人员等参与项目评价。语文教师应利用不同主题的多角度反馈，帮助学生更好地认识语文项目式教学与个人发展的关系，使其学会自我监控和管理。学校应创造条件，引导学生参与多种项目评价活动，构建学习与评价的共同体。

4. 选用恰当的评价方式

语文学科核心素养需要在真实的语文学习任务情境中综合考查。语文教师应根据实际需要，在项目式教学的过程中，整合诊断性评价、形成性评价、终结性评价等多种评价方式，考查学生核心素养的发展情况。每种评价方式都有自身的优势和局限，教师应根据特定的评价目的选择使用。可采用纸笔测试、现场观察、对话交流、小组分享、自我反思等多种评价方式，提高评价效率，增强评价的科学性和可靠性。对学生的评价，既要有对基本目标的确定性要求，确保底线，也要注意以恰当的方式对学生予以指导。

学生语文核心素养的发展呈现鲜明的个性特点。教师要注意搜集学生在语文项目实践活动中产生的各类材料，如测试试卷、读书笔记、文学作品、小组研讨成果、调查报告、体验性表演活动和个人反思日志等。通过这些材料了解学生在项目活动中表现出的个性品质和精神态度，建立完整的学习档案，全面记录学生核心素养的发展轨迹。教师也可以运用信息技术，丰富学生的表现性评价，形成多样化的学生成长记录，全面科学地衡量学生的发展。

（二）评价方法

1．量表评价法

量表评价法是根据设计的等级评价量表来对被评价者进行评价的方法。这种方法将学生个人行为和学习内容、学习水平转化为可测量数据或者标准，最终以等级或分数的形式呈现。

项目式教学评价量表的制定包括课上和课下两个维度。课下主要包括项目任务选择的合理性（包括项目任务的理论和现实依据、小组成员搭配的合理性、项目任务实施计划的科学性、项目活动预期成果）、项目活动的小组参与程度（主要评价个人参与小组项目研究活动，包括三个量级，即偶尔、常态、积极）、个人对小组项目任务研究的贡献（包括大、中、小三个量级）、项目成果的生成（包括形式、内容两个层面的评价：形式包括新颖和一般两个量级；内容包括创新和一般两个量级）。课上主要包括项目成果的外显性（从逻辑性、生成性、交互性来评价）、项目成果展示的小组参与度（包括个别参与和整体参与两个量级）、项目成果的科学性与可行性、项目成果的迁移与创新。依据量表评价内容，将评价结果划分为 A（优秀）、B（良好）、C（合格）、D（不合格）四个等级。

2．主体互评法

项目式教学依托于小组项目任务的研究，立足于小组项目成果的交流，指向最终共性问题的解决。学生实现了以小组为单位的自主学习与互助学习的结合，教师实现了讲授者向参与者和指导者的转变，所以在评价机制构建中强调了小组内学生与学生的互评、小组间的互评、教师对学生评价和小组评价的有机结合。组内互评测验对小组成员的项目任务参与度、贡献度进行评价。小组间的互评侧重课堂交流的评价，即对项目成果的内容、项目成果展示的参与度、项目成果的外显与表达、项目成果的创新性进行评价。组内评价侧重课下任务活动，组间评价侧重课堂的交流互动，两种评价最终折合为相应的等级。在依托学生进行主体评价的基础上，教师要在课下跟踪学生和学习小组，并及时进行点评；课堂上要结合小组项目任务的展示和交流过程，进行点评。

3. 知识检测法

教学评价最直观的就是检测，教师通过检测的数据看学生的知识生成、运用，以及能力提升水平。为了有效测控项目式教学给学生发展带来的影响，可以使用前测和后测两种测评方法，并且进行普通班级和实验班级的比较评价。所谓前测，是指在项目任务还没有实施前，对学生的已有能力和知识储备进行摸底测试（普通班和实验班同时进行）。所谓后测，是指在项目式任务实施后，特别是课堂小组交流展示后，对学生进行相关知识生成和能力迁移的检测（普通班和实验班同时进行）。通过纵向和横向的对比，明确学生在从低阶能力向高阶能力发展的过程中存在的问题，从而有效地帮助学生在知识的整合生成和迁移运用上实现有效突破。

第四章 高中语文课堂合作学习教学

第一节　合作学习概述

合作学习作为一种有独特优势的学习方式正在语文教学中推广。合作学习有着其他学习方式所不及的长处，但实施过程对语文教师教学的要求更高。尤其是合作学习实施中的课堂教学管理，比以往的课堂管理难度更大，而组织管理是否有效直接关系到合作学习的效果。

一、合作学习的含义

合作学习于 20 世纪 70 年代初兴起于美国，并在 20 世纪 70 年代中期至 80 年代中期取得实质性进展，是一种富有创意和实效的教学理论与策略。由于在改善课堂氛围，大面积提高学生的学业成绩，促进学生形成良好非认知品质等方面实效显著，合作学习很快引起了世界各国的关注，并成为当代主流教学理论与策略之一。

合作学习是一种结构化的、系统的学习策略，由 2～6 名能力各异的学生组成一个小组，以合作和互助的方式从事学习活动，共同完成小组学习目标，在促进每个人的学习水平得到提高的前提下，提高整体成绩，获取小组奖励。

二、合作学习的基本要素

（一）相互依存关系

要顺利地开展合作学习，避免"搭便车""小权威"等现象的出现，就要使学生之间建立起积极的相互依存关系。也就是说，每个学生必须清晰认识到他与组员之间密不可分的关系：第一，组员成功，自己才能成功，反之亦然；第二，自己的努力是小组成功必不可少的条件，小组的成功离不开每一个人的积极贡献。在合作学习中，小组成员之间有着"我为人人，人人为我""同舟共济"的依存关系，这是合作学习必备的一个基本要素。合作学习中，学生的相互依存关系具体体现在：共同的小组目标、组员角色互补、资料共享以及共同的奖励。

（二）合作的意愿

在合作学习中，学生相互鼓励、支持和帮助，有着为了达成共同的目标、取得良好成绩、完成任务等而努力的意愿，以及组内合作、组间良性竞争的态度。具体表现为：相互之间能提供足够和有效的帮助；能诚恳交流所需的信息和材料；相互信任；对彼此观点进行质疑，群策群力。

（三）个体的责任

合作学习的主要代表人物斯莱文（Slavin）、约翰逊（D. W. Johnson）等人认为，个体责任的存在是所有成员都能从合作学习中受益的关键。个体责任是指每个学生都必须承担一定的学习任务，并对自己和小组工作的最终结果负责。个体责任通常是通过对每个学生表现的评估来体现的，通过反馈评估情况，增强每个学生的责任心。在合作学习中，当每个小组成员明确认识到个人的存在对小组的意义，认识到个人与集体的关系时，才能真正主动参与讨论，克服消极等待或依赖别人的心理。个体责任是合作学习的另一个实质性的要件。

（四）合作的技能

合作学习与竞争性学习以及个体化学习不同，在合作学习中，学生必须同时进行两种活动：一种是作业活动（学习学科知识），另一种是小组活动（在合作的学习形式下学习）。因此，学生只有掌握一定的社交技能，才能进行高质量的合作，以更好地促进学习。为了协同各种努力以达成共同的目标，学生必须学会：①彼此认可和相互信任；②进行准确的交流；③彼此接纳和支持；④建设性地解决问题。

（五）积极的自评

合作学习小组必须定期地评价共同活动的情况，保持小组活动的有效性。它的目的在于帮助小组学会怎样更好地合作，从而提高小组成员的合作学习水平。小组自评主要涉及三个方面的内容：一是总结小组成功的经验，对小组活动中表现出来的好的方面和经验进行总结和归纳；二是对小组活动中存在的问题和原因进行分析；三是对以后小组的发展方向和目标提出明确的要求。当然，在自评中，值得讨论的问题远远不止这些，任何跟合作学习有关的问题都可以在小组自评中进行讨论与交流。通过自评，为每个组员提供一个开诚布公地探讨组员之间关系的机会，这有助于小组成员维持良好的人际关系和工作氛围，增强小组凝聚力。在小组自评中，每个组员都可以得到同伴对自己行为的评价和感想，使每一组员对自己的参与情况有一个明确的了解。这种积极反馈对自我意识的增强以及合作技能的成熟都很有帮助。

三、合作学习的特征

小组合作学习中，在学习小组内部，学生个体与学生个体之间主要是一种合作关系，学习小组与学习小组之间主要是一种竞争关系。在课堂教学中，小组合作学习的主要特征如下。

（一）组内异质，组间同质

合作学习小组是一种新型的结构——功能联合体，通常由4～6名在性别、学业成绩、个性特点等方面具有异质性的学生组成，尽可能地使小组的组成体现一个班级的缩影。每个小组组内体现了合理差异，因此，全班各个小组之间组成了一个大体均衡、可资比较的小组联合体。组内异质保证了组内各个成员之间在各方面的差异和互补，为学生与学生之间的互助合作、取长补短和优势互补奠定了基础，有利于学生从不同的角度看问题；而组间同质又为全班各个学习小组之间在同一起点和同一水平上展开公平、合理的竞争创造了条件。

（二）任务分割，结果整合

在小组合作学习中，一方面，每一个人都必须为自己的学习负责，小组学习成绩的优劣与个人是否尽责密切相关，小组合作学习将小组的学习任务分解到个人，或者全班任务先分解到小组，小组再分解到个人，使每个小组成员都承担了小组任务中的特定部分，一个人完不成自己承担的任务，不仅会影响自己的成功，还会给整个小组或全班的任务完成带来不利影响。另一方面，在小组的学习目标结构中，小组成员之间在学习内容和学习结果上有很强的相互依赖性，全体小组成员会形成一个"利益共同体"，在这个共同体中，一个人的成功并非真正的成功，只有在小组的其他成员也达到学习目标的情况下，自己才能达标。这样，小组合作学习改变了传统的课堂教学中单一的"输赢"关系，在小组成员之间产生了"大家为一人，一人为大家"的"荣辱与共"的积极互赖关系。因此，在小组合作学习中，学习成绩好、能力强的学生在自己掌握了学习内容之后，就会积极地去帮助其他学生；而学习成绩较为落后的成员，也会尽自己最大的努力去学习，以保证自己所在的小组不因个人的成绩不理想而失败。

（三）个人计算成绩，小组合计总分

在小组合作学习的单元检查、测验和竞赛中，不再允许学生依靠组内其他成员的帮助，而是必须依靠自己的力量来独立完成测验；此外，在统计小组总体成绩之前，首先要计算个人成绩。这就要求每个人都必须依靠自己的努力去独立完成学习任务，为小组做出应有的贡献。

（四）公平竞赛，合理比较

小组合作学习的主要目的是使每一个人都有平等的机会取得成功。为了达到这一目的，一方面，小组合作学习采用的"个体提高分"的计分方式保证了小组内的所有成员无论成绩优劣，都能得到均等的成功机会。"个体提高分"是学生个体在本次测验中的分数比上次测验高出来的分数，它只与自己过去进行比较，而不是与别人比较，从而给每个学生设立了一个能够达到的目标——只要自己比以前努力，就能获得成功。另一方面，在小组合作学习中，取消了传统的常模参照评价，根据学生的学业成绩，学优生与学优生一起分组测验，学困生与学困生一起分组测验。各测验组每个成员的表现与原属合作小组的团体总分挂钩，学优生组第一名与学困生组第一名均为各自原来的学习小组赢得相同的积分。这种个人在原来起点上进行合理竞争、公平评价其贡献的做法，

最终使得每个学生无一例外地得到了激励和肯定。

（五）分配角色，分享领导

在合作学习小组中，每一个学生往往都具有不同的个性品质——有的善于倾听，有的善于捕捉信息，有的善于澄清事实，有的善于分析问题，有的善于组织活动，有的善于缓解冲突，有的善于组织外交，等等。在小组合作学习中，教师应根据学生不同的个性特点，安排他们扮演适当的角色，使他们承担不同的任务；同时，在不同的学习任务和课题研究之中，学生的角色可以轮流互换。这样，既保证了学习小组成员之间分工明确，秩序井然，又能使个人的优势和特长得以充分利用和彼此协调。

小组合作学习的这些特征，有效地克服了传统课堂教学中只有竞争、没有合作的弊端，通过学生之间的积极的人际交往，加强了学生与学生之间的合作、交流和沟通，并以集体促进个体进步，有助于课堂教学效果和质量的整体提高。

四、合作学习的积极影响

在课堂教学中，小组合作学习的重要特征就是对生生互动，即学生与学生之间交流、合作和相互作用的高度重视。在小组合作学习中，学生与学生之间的合作关系比其他任何因素对学生的学习成绩、社会化和身心发展的影响都更有利。在课堂教学中，生生互动对于学生健康成长和发展的积极影响主要表现在以下几个方面：

第一，生生互动影响着学生价值观、态度、能力和认识世界方法的社会化。与学生和教师的相互作用相比，生生互动往往更经常、更亲切、更丰富多变。在生生互动中，学生通过实验和练习，逐渐熟悉各种社会角色，逐渐掌握沟通、理解和合作的技巧，提高了社会适应能力。

第二，生生互动有利于学生人格和心理的健康成长。建立和保持与他人相互依赖和相互合作的关系，是一个人心理健康、人格健全的基本表现形式之一。人的心理和人格是在人的活动中，尤其是在人和人之间的相互交往过程中发展起来的。心理学的研究表明，生生互动的频度和强度与学生未来的心理和人格的健康发展有着密切的关系，良好的同伴关系有利于学生的心理与人格的健康发展。

第三，生生互动有利于学生学会用他人的眼光来看待问题，有利于学生获得社交能力。作为未来的社会成员，学生必须学会用他人的眼光来看待问题，学会与同伴密切交往，热心互助，真诚相待。生生互动可以使学生达到与他人沟通的目的，消除畏惧与他人交往的心理，从而得到语言、思维以及社交意识和社交能力的培养。

第四，生生互动提供了更多的主动参与的机会，有利于学生主动性和创造性的发挥。小组合作学习中的生生互动，把学生由传统课堂教学中的知识接受者转变为课堂教学的积极参与者，每个学生都有平等的机会在各自的小组中讨论并解答问题。同时，通过合作学习，可以使学生个体的认识和理解更加丰富、全面，使学生从那些与自己不同的观点和方法中得到启迪，有利于学习的广泛迁移。

第二节　合作学习的教学原则

一、成功机会均等原则

成功机会均等是指学生通过提高自己的成绩来对他们的小组做出贡献。这种学习是标准参照性的，即与自己过去的表现和成绩相比较，而不是常模参照性的。这就保证了所有学生都能尽其所能，而且所有组员的贡献都会受到重视，从而达到使所有学生共同进步的目的。当代教育的核心理念是"关注每一个学生的发展"，每个学生在学习中都应该有平等的发展权利。在合作学习中，教师要在小组组建时将学困生和学优生进行搭配，在小组活动中利用学优生带动学困生学习，激发学困生的学习兴趣，教会学困生学习的方法。同时，教师要充分利用合作学习中设置的基础分来计算提高分，以提高分作为对学生评价的依据，这有利于学习困难的学生获得学习的成就感并提高他们的学习兴趣。

二、小组激励评价原则

新的评价理念注重学生在评价中的主体地位，强调通过评价使学生学会分析自己的成绩与不足，明确努力的方向；注重形成性评价，强调通过评价使学生获得成就感，增强自信心，培养学生合作精神。而合作学习作为以团体成绩为奖励依据的教学活动适应了新课程标准的要求。合作学习通常不以个人的成绩作为评价的依据，而是以各个小组在达到目标过程中的总体成绩作为评价与奖励的标准。这种机制可以把个体之间的竞争转化为小组之间的竞争，从而促使小组内部的合作，使学生在自己的小组中各尽所能，得到最大限度的发展。以小组成绩为评价依据来决定奖励，由过去对学生个人的奖励发展为面向小组的合作性奖励，这就使更多的学生获得成功的乐趣，提高了学生合作学习的积极性。

三、相互依赖原则

相互依赖原则是指教师在合作学习中，要为学生创设一个相互依赖的交往环境（包括物质环境和心理环境），使学生的主体性在完成学习任务的过程中得以充分体现，使学生的人格得以完满发展。基本要求如下。

（一）目标相互依赖

教师给每个学习小组提供一个或若干个共同目标，目标的实现依赖于每一个小组成员的齐心协力。这样做，就会使学生希望成功的动机得到强化，因为每一个人不仅仅是为了自己能获得成功，而且也为了整个小组成员都能成功。这种强烈的动机将会使学生更为积极地参与到教学任务中去，并且尽可能地把每项任务完成得更好。

（二）资料相互依赖

教师让小组成员拥有不同的资料，这些资料可以是两种：信息和设备。在小组中，学生必须分享各自的资料才能成功地完成某项任务。例如，分组阅读中，每个组员分到同一篇阅读材料的不同部分，然后，他们离开自己组与其他组有相同部分材料的同学组成专家组，这个专家组的目标是把这段材料学好，并把其内容教给本组同伴。接着，学生回到各自的小组轮流讲授各自的这部分材料，共同完成整篇材料的阅读任务。这种做法能增进学生之间的交往和互相帮助。

（三）角色相互依赖

教师分配组员（或由小组自行分配）担任不同的角色共同完成某项任务，这些角色是互补的、相连的、可以轮换的，并且每种角色都在组中承担相应的责任。由于每个人都有自己的角色和任务，因而每个学生都有均等的机会参与交流，有均等的机会表现自己和帮助他人，课堂上没有"被遗忘的角落"。这种学习方式，不但增强了学生的责任感、自尊感和归属感，使每个学生都乐意为小组的成功尽心尽力，而且由于焦虑程度降低，因此，学生敢于发表自己的见解，大胆尝试新方法和发挥创造性。

（四）奖励相互依赖

这主要是指在学习小组中，一个或者更多的小组成员的优异表现为整个小组赢得奖励，也就是小组成绩共享。例如，教师为小组提供材料并准备小测验，每个学生的小测验成绩关系到小组的整体成绩，因此，每个学生务必为小组的整体成绩做出贡献。而学生对小组的贡献，是看他们在小测验中的成绩是否比他们自己过去小测验的平均成绩有所提高。这样，小组中能力较弱的同学对小组的贡献也可能和能力强的同学一样多，他们有相同的机会为本组取得分数。当每个学生分享给予小组的奖励时，这种奖励是建设性的，它能使学生享受到更多的成功的快乐，并激励他们为继续取得成功而努力施展自己的才能，努力帮助他人也获得成功。

四、最小干预原则

最小干预原则是指当正常课堂行为受到干预时，教师应该采用最简单的、最小值的干预纠正违规行为。如果最小值的干预没有发生作用，可逐步增加干预值，主要目的是既要有效地处理违规行为，又要避免对教学产生不必要的干扰。干预的结果，应该是尽可能使教与学的活动继续进行，使违规行为得到较好的控制。

如果让那些出现了行为问题的学生成为教室里的注意力焦点，他们反而会获得成就感，进而得寸进尺。有经验的教师都会以不太引人注意的方式来处理学生的行为问题。他们会在自己的讲课中把学生的名字带进去，被叫到名字的学生自然会得到提醒，而其他学生则可能不会觉察出什么问题来。

五、主体性原则

主体性原则是指在合作学习中充分调动学生的主体性、自主性、能动性和创造性，使他们积极主动地参与小组讨论和学习，获得全方位的发展。在合作学习的课堂教学管理活动中，学生既是管理的对象，也是管理的主体。学生通过能动地参与语文教学管理，自主地组织教学活动，创造性地解决教学问题，负责任地选择课堂行为来体现管理中的主体性。主体性原则包括两方面的内容：一方面，课堂管理者需要充分尊重学生的主体性，充分尊重学生在课堂中的地位，把学生看作课堂活动的主体，树立正确的学生观；另一方面，教师在管理过程中要创造一些有利的条件，帮助并引导学生形成主体性人格，即学生愿意自主地选择正当行为，而非因某种外在权威和传统习俗的强制，也就是从"自发"到"自觉"地建立和维护课堂秩序，主动地参与课堂教学管理。由于学生主体性得到了体现，他们自然会产生求知欲望，会把学习科学文化知识当作乐趣，最终进入学会、会学的境界，在掌握科学文化知识的同时，增强合作意识与合作技能，使小组合作学习进入良性循环阶段。

六、有效指导原则

在合作学习中，把学习的主动权交给学生，提供给学生更多的建构属于他们自己意义的时间和空间，更多地展示自己思维的机会，以及更多的解释和评价自己思维结果的权利，并不意味着教师指导作用的削弱，相反，教师应根据教学环节的变化而变化，充当有效的组织者、引导者甚至合作者。在整个合作学习过程中，教师应坚持友好的、建设性的态度和行为，既不能过多地干预学生思考的过程和结果，又不能对学生的困难和疑问袖手旁观。

在合作学习中，不能只注重生生互动而忽视了师生互动。没有教师的正确指导，学生自身又缺乏相应的认识和方法，是达不到合作学习的目的的。在教学中，教师应有意识地给予学生必要的引导，注意培养学生良好的合作能力。具体来说，合作前，教师应指导学生开展合作学习前的独立思考，让学生明确合作学习的任务和目标；合作中，教师应积极推动学生合作学习行为的深入。可以说，合作学习的成功与否，同教师是否积极引导与参与是分不开的，在合作学习中，教师不是退居二线，而是担负起更大的管理和调控职责。要使合作学习顺利开展，仅仅依靠教师事先的设计是远远不够的。在开展合作学习过程中，除了事先宣布合作规则外，在很多情况下，教师必须对各个小组的合作学习进行现场的观察和介入，为他们提供及时有效的指导。

七、师生合作原则

师生合作是指课堂主体在交往过程中所表现出来的相互依赖、相互促进、和谐一致的关系，它以主体间交互作用为中心，以合作共生为特征。通过师生共同参与到课堂教学管理之中，各司其职，相互促进，以形成最大合力。课堂作为一个活跃的功能体，置身其中的每一个人都不能以旁观者的身份游离于管理活动之外。教师作为制度化的管理者，对整个课堂教学的推进、常规事务的安排、课堂秩序的维持，做出统一的计划与决策。而学生作为课堂的主人，对自己、对课堂也有着义不容辞的管理责任。这两种主体的管理活动并非简单独立、互不相关的，而是一种合作关系，能够相互补充和完善。例如，学生参与管理既有利于学生的自我管理、自我促进，也有利于教师管理水平、管理能力的提高和反馈。教师通过指导学生自我管理，教给学生一些管理的方法，也能提高学生管理的积极性与有效性。合作性原则意味着师生间彼此承认对方在课堂中的地位，主动承担自己在课堂中的责任，遵守共同认可的规范，并通过平等的对话与交往，来促进师生的合作。

第三节　合作学习的教学组织策略

合作学习是一种教学概念和方法，在高中语文教学中应用合作学习教学组织策略时，需要注意三个方面：首先，合作学习教学组织策略要能满足高中生的心理和生理特点；其次，合作学习教学组织策略要能够适应高中语文教学目标；最后，合作学习教学组织策略要能够对高中生的语文学习能力和终身能力的形成有所帮助。基于这三点要求，有三种较为适合的合作学习教学组织策略："思考—组队—共享"合作学习教学组织策略、"K-W-L"合作学习教学组织策略和文学圈合作学习教学组织策略。

一、"思考—组队—共享"合作学习教学组织策略

"思考—组队—共享"合作学习教学组织策略是当代最为常用的教学组织策略之一，通常适用于突破重难点学习任务。这种合作学习教学组织策略能够提高学生的课堂参与程度，促进学生思维的发展。"思考—组队—共享"合作学习教学组织策略的基本应用方法可以归纳为思考、组队和共享三个步骤。教师在课堂上提出语文教学主题让学生进行深入的思考，让学生在组成的小组中阐述和表达自己的观点或想法，通过小组间的分享和讨论进行合作学习。

"思考—组队—共享"合作学习教学组织策略能够通过将班级整体拆分成小组的方式，让所有学生都能够参与到课堂教学环节中，提高学生的思维灵敏度，使学生对教学内容进行深入思考，并获得深刻的认

识。同时，学生还能够在合作交流中，接受和反思不同的观点，培养思考和解决问题的能力。

二、"K-W-L"合作学习教学组织策略

"K-W-L"概括了学习的三个步骤：知道的（know），想知道的（want to know），学到的（learned）。也就是从已知的情况出发，通过合作探究得到未知部分。这种教学组织策略借助表格进行，具有探究性、趣味性和逻辑性，是较为简单有效的教学组织策略。在教学实践中运用"K-W-L"合作学习教学组织策略能够有效激发学生的学习兴趣，提高学生的学习主动性和课堂参与度。同时，由于这种教学组织策略是通过已知信息来获得结论，能够充分帮助学生将学习信息进行联系，既能明确认知过程，又能帮助学生形成良好的思考方式和语文学习习惯。

在高中语文教学中运用"K-W-L"合作学习教学组织策略时，教师需要对教学内容进行总结，并对可能出现的课堂情况进行预测，做好教学准备。"K-W-L"合作学习教学组织策略的关键在于教师给出有效的已知信息，并让学生在交流讨论中完成表格空白部分的填写。例如，在分析文章中某一人物形象时，如果人物形象较为复杂，人物描写较多，就可以应用"K-W-L"合作学习教学组织策略。教师可以先将准备好的表格发给学生，表格由已知的人物描写、人物形象、得到的人物特点三部分组成。学生独立完成表格，再进行小组交流讨论，修改自己的表格内容。最后，各小组分别发表观点，再由教师进行指导和总结。

三、文学圈合作学习教学组织策略

文学圈合作学习教学组织策略是指将学生分成若干小组，以此组成一个讨论圈，让学生以小组的形式对经典文学进行深刻讨论。通过文学圈可以让学生成为阅读的主体，并引导学生探究问题，进而学会批判思考。同时，这一教学组织策略可以促使多元化的观点呈现，使学生可以透视文学的多面层次。在高中语文教学中，教师可以通过运用文学圈合

作学习组织策略引导学生完成语文阅读任务。以《范进中举》的教学为例，教师就可以围绕"中国古代白话小说经典片段选读"的主题，开展文学圈活动。首先，教师可以规定经典片段选择范围，组织学生选择想要阅读的小说；其次，教师根据学生的兴趣对其进行分组，一般每组4～6名学生，再为每组中的学生分配不同的阅读任务；再次，教师规定文学圈交流会开始的时间，让学生在这之前完成文本阅读并进行组内汇报与交流；最后，每组以汇报等形式在交流会上进行结果的汇报。

综上所述，合作学习教学组织策略在高中语文教学中能够起到激发学生的学习兴趣、调动学生学习的主动性和培养学生的合作意识的作用，对高中语文教学有着较为重要的意义。除了文中分析的三种合作学习教学组织策略之外，还有很多适合高中语文教学的策略，在实际教学的过程中，高中语文教师要能够根据不同的教学条件和教学内容，选择适合的教学组织策略，以丰富教学形式和提高教学质量。

第五章 高中语文课堂自主学习教学

第一节　自主学习概述

"自主学习"是教育课程与教学改革的一个切入点和聚焦点。培养学生具有自主学习的愿望、能力和方法，不但是教育课程与教学改革的目标之一，也是学校教育的理想和重要目标，更是构建终身学习社会的必然要求。自主学习对课堂管理提出了更高的要求，高中语文教师只有掌握自主学习的课堂管理原则及策略，才能更好地把握课堂，提高自主学习的实效，使自主学习真正落到实处。

课程与教学改革倡导的自主学习有其自身的特点和内在机制，教师只有正确理解和把握自主学习，才能将其转化为实际的教学行为，真正实现自主学习的价值。

一、自主学习的含义

自主学习是与传统的接受学习相对应的一种现代化学习方式。在自主学习过程中，学生是学习的主体。自主学习包括三个方面：一是对自己的学习活动的事先计划和安排；二是对自己实际学习活动的监察、评价、反馈；三是对自己的学习活动进行调节、修正和控制。

二、自主学习的特征

了解、认识自主学习的特征，对于准确理解自主学习是十分必要的。自主学习的特征可以概括为自主性、独立性、过程性、相对性和有效性。

（一）自主性

自主学习是针对学习活动中教师是教学的主体，学生从属于教师的指挥，被动地在教学过程中按部就班地进行发展的统一模式提出来的，其根本目的在于改变这种不注重学生主体性的片面教学，主张学生积极主动地参与到教学中，根据自己的实际情况确定学习发展的步调、方向和程度。它表现为学生的学习是基于自身内在需要的驱动，学生积极、主动地从事和管理自己的学习活动，而不是在外界的各种压力和要求下被动地从事学习活动，是"我要学"而不是"要我学"。如果学生学习是在外在压力下迫不得已进行的，即使学习成绩再好，在学习中投入的精力再多，参与学习的心理成分再多，也不可能称之为自主学习。

（二）独立性

独立性是自主学习的核心品质，在学习活动中表现为"我能学"，每个学生都有表现自己独立学习能力的愿望，也都有相当强的独立学习的能力，他们在学校的整个学习过程其实也就是一个争取独立和日益独立的过程。在传统的教学中，教师可能忽视或压抑了学生独立学习的能力，以及独立学习的欲望，从而导致学生独立性的不断丧失。自主学习要求把学习建立在人的独立性一面上，要求学生尽量减少对教师和他人的依赖，由自己做出选择和控制，独立地开展学习活动。但是，学生学习的独立性有一个由教到学的过程，学生有一个从他主到自主、从依赖到逐步走向独立的发展过程。在此过程中，教师的"导"和学生的"学"是绝对不可缺少的。因此，高中教师要尊重和呵护学生的主体性和独立性，逐步培养学生独立学习和解决问题的能力。与此同时，高中教师也应重视学生发展中的个体差异性，要关注个性，因材施教，促进发展。

（三）过程性

自主学习要求学生对为什么学习、能否学习、学习什么、如何学习等问题有自觉的意识和反应。它突出地表现在学生对学习的自我计划、自我调整、自我指导、自我强化。自主性的发挥需要在学习活动的过程中加以体现。对于学生来说，学习活动本身就是自主性能否成功发挥的媒介。因此，自主学习的认识和评价不能离开学习活动，否则只能是空中楼阁。学习活动过程包括学习前的准备工作、学习进程中的信息加工、学习后的评价与反思等。即在学习活动之前，学生能够自己确定学习目标、制订学习计划、选择学习方法、做好学习准备；在学习活动中，能对自己的学习过程、学习状态、学习行为进行自我观察、自我审视、自我调节；在学习活动之后，能够对自己的学习结果进行自我检查、自我总结、自我评价和自我补救。自主性应该在各个阶段都能得以最充分的体现，但是在表现形式上可能有所不同。如果学习者在某个阶段上缺乏自主性，也不能称为自主学习。因此，自主学习是学习者在学习活动过程各个阶段自主性发挥的统合。

（四）相对性

自主学习的相对性，是由学校教育的基本特点和学生身心发展规律所决定的，它是区别于成人自学的一个基本特征。在实际的学习情境中，完全自主的学习和完全不自主的学习都较少，多数学习介于这两者之间。也就是说，学生的学习在有些方面可能是自主的，而在另一些方面可能是不自主的。这是因为，就在校学生来讲，他们在学习的许多方面，如学习时间、学习内容等，都不可能完全由自己来决定，他们也不可能完全摆脱对教师的依赖。因此，教师要分清学生在学习的哪些方面是自主的，哪些方面是不自主的，或者说学习的自主程度有多大。只有这样，教师才可以针对学生学习的不同方面对其进行自主性的教育和培养。

（五）有效性

参与学习的学生内部因素主要体现为各种心理成分的协同作用。学习者的自我认识、自我体验和自我控制对自主学习的性质和方向起决定作用，没有正确的自我认识，缺乏自主学习的高峰体验，不能控制学习的目的和方向，就不可能有真正的自主学习。此外，这些心理成分还包括与心理过程紧密联系的认知、情感、意志活动，也含有与个性心理密切相关的个性心理倾向性和个性心理特征。学习者的兴趣、需要、动机、理想、信念、价值观等因素构成了激发自主学习的动力因素，对于能否维持自主学习的进行也发挥着积极的作用。而学习者的能力、气质、性格对于自主学习的速度、程度和质量也有十分重要的影响。

自主学习的出发点和目的是尽量协调好自己学习系统中各种因素的作用，使它们发挥出最佳作用，因此，自主学习在某种意义上讲就是采取各种调控措施使自己的学习达到最优化的过程。一般来说，学习的自主水平越高，学习的过程也就越优化，学习效果也就越好。

三、自主学习的内部机制

从系统论的观点看，作为一种能力的自主学习，其本身是一个相对稳定的系统，有其内部结构和构成成分；作为一种过程，自主学习是动态的，有其先后执行的程序和子过程。国外研究者一般用自主学习模型来解释自主学习的构成成分和内在机制。目前，比较权威的自主学习心理机制模型主要有麦考姆斯（McCombs）的自主学习模型、齐默尔曼（Zimerman）的自主学习模型、巴特勒（Butler）和温内（Winne）的自主学习模型。这些模型在一定程度上为我们展现了自主学习的系统结构。

（一）麦考姆斯的自主学习模型

麦考姆斯是自主学习现象学派的代表人物之一。1989 年，他在《自主学习和学业成绩：一种现象学的观点》一文中，对自主学习的自我系统的结构成分和过程成分的作用进行了详细的描述。

麦考姆斯认为，自主学习能力是自我系统发展的结果。自我系统有静态结构和动态过程两个方面：静态结构反映个体对自身的能力、价值、特点等相对稳定的认识，主要有自我概念、自我意象、自我价值等结构成分，这些成分在很大程度上决定了个体学习动机的强弱；动态过程是自我在具体情境中的动态反映，主要包括目标设置、自我控制、自我判断、自我评价、自我强化等成分过程，这些成分过程构成自主学习的基本特征。正是因此，自主学习可分为对信息加工、编码、提取的一般认知过程和对认知过程进行计划、控制和评价的原认知过程。自主学习正是在这两个过程的作用下实现的。

（二）齐默尔曼的自主学习模型

齐默尔曼的自主学习模型是以班杜拉（Bandura）的个人、行为、环境交互决定论以及自我调节思想为基础而提出的一个模型。

齐默尔曼认为，与其他形式的学习一样，自主学习涉及自我、行为、环境三者之间的交互作用。自主学习者不仅能够对内在学习过程做出主动控制和调节，还能够在外部反馈的基础上对学习的外在表现和学习环境做出主动监控和调节。就自主学习的内部心理过程来讲，可以按其发生顺序划分为三个阶段，即计划阶段、行为或意志控制阶段和自我反思阶段。

在计划阶段，主要涉及任务分析过程和自我动机性信念两个方面的活动。任务分析过程又包含两个子过程：目标设置与策略计划。前者指确定具体的、预期性的学习结果；后者指为实现学习目标而选择合适的学习策略。自我动机性信念是学习的内在动机性力量，是学习的原动力，对学习过程具有推动作用。它主要包含自我效能、结果预期、内在的兴趣或价值、目标定向等成分。

在行为或意志控制阶段，主要包含自我控制和自我观察过程。自我控制过程帮助学习者把精力集中在学习任务上，又包括自我指导、使用心理表象、集中注意力、运用任务策略等过程。自我观察是指对学习行为的某些具体方面、条件以及进展的跟踪。准确、及时、全面地自我记录是自主学习者常用的有效自我观察手段。当自我观察不能对学习方向的偏离提供确切的说明时，个体还要启动自我实验过程，即通过系统地变换学习的过程、策略、条件等以求达到最终的学习目标。

在自我反思阶段主要涉及两个过程：自我判断和自我反应。自我判断又包含自我评价和归因分析两个过程。前者是指对学习结果与预期目标的一致程度以及学习结果的重要性的评判；后者是指对造成既定学习结果的原因进行分析，如较差的学习成绩是因为能力欠缺还是因为努力不够等。自我反思主要有两种形式：一是自我满意，这是基于对自己学习结果的积极评价而做出的反应。自主学习的学生把获得自我满意感看得比获得物质奖励更为重要。二是适应性或防御性反应。适应性反应是在学习失败后调整自己的学习方法以期在后继的学习中获得成功；防御性反应是为了避免进一步学习失败而消极地应付后继的学习任务。

尽管自主学习包含着复杂的结构和过程，但是在齐默尔曼看来，自我效能、目标设置、策略选择和运用、自我观察、自我评价等成分似乎更为重要，也更容易操纵。因此，他主张侧重对这些成分进行系统的理论和应用研究。

（三）巴特勒和温内的自主学习模型

20 世纪 90 年代，巴特勒和温内提出了一个详尽的自主学习模型，从信息加工的角度来阐述自主学习的内在机制。

巴特勒和温内认为，一个完整的自主学习过程主要包括四个阶段，即任务界定阶段、目标设置和计划阶段、策略执行阶段和元认知阶段。在任务界定阶段，学习者利用已有的知识、信念对学习任务的特征和要求进行解释，明确学习的任务是什么以及完成这一任务有哪些有利和不利条件。影响这一过程的主要因素为领域内的知识、任务知识、策略知识和动机性信念。在目标设置和计划阶段，个体的主要任务是根据自己的标准和对学习任务的界定建构学习目标，制订学习计划，选择学习策略。在这一过程中，学生的自我效能感、目标定向、原认知水平发挥着最为重要的作用。学习目标设置和计划确定以后，学生就要根据既定的学习目标和学习策略执行学习任务。在这一阶段，原认知监视和控制的作用较为突出。利用学习策略对学习任务进行加工，最后生成学习结果，学习就进入了元认知阶段。元认知对来自目标和当前学习情况信息进行比较，对学习的结果做出评估，然后把评估结果反馈到知识和信念、设置目标、选用策略等的过程，重新解释学习任务，调整学习目标，选择学习策略，有时会生成新的学习程序，最终获得学习任务标准和要求相匹配的学习结果。

第二节　自主学习的教学原则

一、目标性原则

自主学习的语文课堂管理应当有正确而明晰的目标，它为教学目标的实现提供保证，最终指向教学目标。目标本身具有管理功能，直接影响和制约师生的课堂活动，能起积极的导向作用。并且，目标使学生成为积极的管理者和参与者，对于激发学生求知欲望、强化学生自我管理能力也具有积极意义。

在教学过程中，教和学的活动首先要确定好准确适度的目标，使知识的难度恰好落在学生通过努力可以达到的潜在接受能力上，从而不断构建新的知识结构。在这种目标的适度要求下，教材的处理、教学方法的运用、教学过程的每一环节，都要体现学习目标。只有树立目标意识，教师的教和学生的学才会同步提高。

激发学生自主探求的兴趣和欲望，是构建自主学习课堂教学模式的核心要素。如果让学生根据自身的情况，在教师的帮助下确定对自己有意义的学习目标，自己确定学习进度，那么学生的学习兴趣肯定非常浓厚。教师要让每个学生在课堂中充分行使自己的权利，充分享受学习的乐趣。这就给了学生自由选择的权利，为他们提供了主动探究的空间。

二、自主性原则

人们常说："教学有法，但无定法。"教学实践的特殊性要求教师必须具有创新意识，必须全方位确立学生的主体地位，充分调动学生的积极性，注重学生个性的培养。现代教学理论认为学生是学习活动的主体，也就是要让学生自主学习。

在语文教学过程中，教师要积极为学生提供自由思考的时间和机会，为全体学生创设一个主动探索的空间。同时，教师要相信学生，敢于放手。学生是学习的主体，他们有自己的思维方式，有一定的知识积累，对一些知识的学习，学生独立或通过合作是能够解决的。教师要让学生在课堂有限的时间和空间内，多读、多说、多思，使学生真正成为课堂的主人。教师要努力为学生创造学习的机会，学生能发现的教师不暗示，学生能叙述的教师不替代，学生能操作的教师不示范，学生能提问的教师不先问，使学生在力所能及的范围内"跳起来摘果子吃"，让学生自主地运用所学知识解决实际问题。

此外，语文教师要立足学生，善于放手。当然，教师不是无目的地放手，当学生对知识不理解或操作不规范时，教师要加以引导。自主学习并不意味着任由学生自己学，同样也离不开教师的指导。教师要善于在方法上引导，在关键处点拨。

三、参与性原则

自主学习活动取得有效成果的前提就是学生全员参加和全身心投入。学生只有充分投入，积极参与，才能使自主学习成为可能。为此，自主学习的课堂管理要做到三个方面：一是语文教师应采取各种方法促使学生积极参与课堂教学；二是引导学生在自学活动中多种感官并用，如观、读、思、做几方面有机地结合运用；三是最大限度地把课堂教学的时间和空间交给学生，使学生真正参与课堂，成为课堂学习的中心和主体。

四、激励性原则

在语文课堂管理时，教师要通过各种有效手段，最大限度地激发学生内在的学习积极性和求知热情。激励原则要求教师在课堂上努力营造和谐的教学气氛，营造有利学生思维、有利教学顺利进行的民主氛围，而不应把学生课堂上的紧张与畏惧看作管理能力强的表现。激励原则还要求教师在课堂管理中发扬教学民主，鼓励学生主动发问、质询和讨论。当然，贯彻激励原则并不排除严格要求和必要的批评。

五、反馈性原则

运用信息反馈原理，对语文课堂管理进行主动而自觉的调节和修正，是反馈性原则的基本要求。在语文教学中，教师应当不断分析把握教学目标与课堂管理现状之间存在的偏差，运用自己的教学机智，因势利导，确定课堂管理的各种新举措，作用于全班同学，善于在变化的教学过程中寻求优化的管理对策，而不应拘泥于一成不变的管理方案。此外，教师应积极关注不同水平的学生自主学习的完成情况，准确把握学生学习的反馈信息，并据此确定课堂指导的内容及策略，提高教师课堂指导的针对性及有效性，使学生的自主学习更为有效。

六、自控性原则

自主学习课堂管理要求学生自己管理自己的学习，不依赖外界来管理自己的学习活动，这是自主学习的又一个基本特征。自主学习课堂管理表现为学生对学习的自我计划、自我调整、自我指导、自我强化。因此，语文教师一方面要强化学生的自我管理意识，让学生意识到自我管理的重要意义，引起学生对自我管理的认同；另一方面，教师要逐步培养学生的调控能力和自我管理能力，这是促进学生自主学习的重要因素。

第三节　自主学习的课堂管理策略

语文课堂管理是语文教师在教学活动中通过协调课堂内各种人际关

系，吸引学生积极参与课堂活动，使课堂环境达到最优化的状态，从而实现教学目标的过程。课堂管理的根本是创设良好的学习环境和条件，促进学生有效学习。有利于学生自主学习的课堂管理应该以满足学生的自主要求为切入口，以和谐的人际关系为基础，以学生的自我管理和自律为特征，以积极的师生对话为主要手段。为了促进学生的自主学习，教师可以采用以下课堂管理策略。

一、设置有利于学生自主学习的目标和任务

（一）创设具有挑战性的目标

教学目标是教师进行教学活动的指南，在大多数情况下，教学目标是由国家、学校或教师来确定，学生只能被动地接受这些目标。在这种情况下，如果教学目标设置得不够合理，会对学生的自主学习造成一定的消极影响。因此，高中教师设置学习目标时，应注意的内容主要有：首先，教师应把提高学生自主学习能力设为最终目标，并在教学过程中有意识地强化学生自主学习的能力，将其作为教学目标的重要部分。其次，教师应设置明确、具体、适度的教学目标来引导学生进行自主学习，并促进学生对教学目标的认同。具体的、近期的、能够完成而又有挑战性的学习目标更有助于促进学生的自主学习。具备这种特征的学习目标更容易让学生经常体验到成功，进而逐步增强学生的学习自信心。语文教师要在课堂中经常设问，使学生始终沉浸在问题情境之中，获得自我探索、自我思考、自我表现的实践机会。挑战性的目标难度要适中，切合学生实际，使学生经过一番努力能够完成。太难会挫伤学生的学习积极性，太容易则不利于培养学生自主探索的精神。

（二）设置适当的学习任务

学生的学习兴趣源自两种动力——内驱力和外驱力。在自主学习中，学习者对学习的需要主要源于已有的知识经验不足以解决面临的现实问题，为了解决这些问题，学习者的学习积极性将被激发出来，形成

学习的内部动机，这是一种积极、持久、力量强大的动机。在这种动机的激发下，学习者的自主学习行为才可以维持下去，学习者也才可以根据自己的情况和外界变化对学习进行监督和调节。学生对知识的兴趣越强，学习的主动性、自觉性也就越强。因此，教师在组织学生自主学习时，应尽可能与学生民主协商学习任务，应给予学生一定的选择空间，以提高学生的学习兴趣，激发学生学习的内部动机。

二、进行有利于学生自主学习的教学设计

有利于学生自主学习的教学，应该凸显学生的自主学习过程，给学生充分的自主学习机会。把学生自己能够掌握的学习内容让学生通过自学、讨论先行解决，然后语文教师再针对学生不能掌握的内容进行重点讲解或指导。这样，学生在自学、讨论的过程中，能够充分发挥个体的学习潜能，锻炼了自主学习能力。讨论后不能解决的问题也可以为教师的讲解提供明确的依据，通过语文教师有针对性的重点讲解或指导，学生能够更好地获得问题解决策略。

有利于学生自主学习的教学流程主要包括确定学习目标、激发学习动机、自学教材内容、自学检查、集体讨论、教师讲解、练习巩固、学生小结等环节，这些环节构成流程图的主体部分。另外还有教师指导、启发、反馈、评价这一模块，指在学生确定学习目标、自学教材内容、自学检查、集体讨论、练习巩固等环节，教师主要起辅助、引导作用。

该流程的主体部分包含三个闭合的环路。第一个环路是由确定学习目标、激发学习动机、学生自主学习、自学检查、练习巩固、课堂小结等环节构成。它所表达的意思是，学生明确学习目标后通过自学就能够达到目标要求。显然，在这种情况下，学习的几个环节主要是由学生自己完成的，教师从中只起引导作用。

第二个环路在第一个环路的基础上增加了集体讨论这一环节。它所表达的意思是，学生通过自学尚没有达到目标要求，但是通过集体讨

论，解决了自学中的剩余问题。由于讨论主要是在学生之间进行的，因此在第二个环路中，与在第一个环路中一样，教师只对学生的学习起引导作用，学习主要是通过学生个人或集体完成的，学习的自主权还是主要在学生这一边。

第三个环路在第二个环路的基础上增加了语文教师讲解这一环节。它表明的情况是，学生通过自学和集体讨论后，仍有一部分学习问题没有解决，这时就需要教师通过讲解帮助学生克服学习困难，完成学习目标。当然，如果通过教师讲解学生仍然不能完成学习任务，教师就要查明具体原因，重新讲解，必要时甚至可以暂时中止讲解。尽管如此，这一环路中所包含的多数环节仍然主要依靠学生自己来完成。

下面分别对各环节的要求予以说明。

（一）确定学习目标

在这一阶段，学生的主要任务是明确自己的学习目标，知道自己需要学什么，学习应达到什么标准以及如何达到这些标准。如果从严格意义上要求学生自主学习，学生的学习目标该由他们自己来制定。但是在学校教育条件下，学生在课堂上必须在规定的时间内完成教学大纲规定的学习任务，他们能够自由选择学习内容、确定学习目标的机会较少，在多数情况下，他们的学习目标还是要由教师来制定。

教师给学生制定的学习目标除了必须符合教学大纲的要求、体现出一节课学习的重点和难点外，还要尽可能具体、明确，便于学生对照着学习目标自学。为了培养学生的自主学习能力，教师还要注意教会学生制定学习目标的方法。例如，把长远目标分解成具体的、近期的、可以完成的目标，围绕目标分配学习时间等。

（二）激发学习动机

严格地讲，激发学习动机并不是一个独立的教学环节，它应该贯穿于教学过程的始终。教师应该及时对学生的进步予以表扬，以激发他们进一步学习的兴趣和热情。在学习目标呈现之后的学习动机激发可以分两种形式：一是激发学生的好奇心，鼓励学生尝试自学。例如，语文教师可以这样引导："过去都是老师先讲同学们再学，这堂课老师先不讲，请同学们先自学，看看大家能不能学会。"这种形式一般适用于自主学习教学指导的初期。二是对学生的学习进步进行表扬，对他们的成功进行能力和努力方面的归因反馈。这种动机激发方法适用于自主学习的教学指导模式已试行一段时间。例如，教师可以这样引导："老师发现，同学们都有很强的自学能力。通过努力自学，许多同学掌握了一些老师本来要讲的内容。即便是过去学习成绩较为落后的同学，这一阶段通过自学也取得了很大的进步，希望同学们继续保持这种好习惯。"

（三）学生自学教材内容

确定了学习目标之后，就可以要求学生根据学习目标及其要求对课本内容进行自主学习。但是自主学习并不是让学生简单地看看书，而是让学生先系统地学习课本的内容。这是学生独立地获取知识、习得基本技能的主要环节之一。在学生的自主学习过程中教师需要注意以下两点：

首先，要保证学生的自主学习时间。一般来说，在试行自主学习教学指导模式的初期，由于学生还没有完全适应，他们的自学能力和习惯没有形成和发展起来，给学生的自主学习时间要相对长一些；如果学生已习惯了这种教学模式，给他们的自主学习时间就可以相对短一些。如果教学内容相对较少或者是在低年级中，一般把自主学习的时间安排在课堂上。对学生来讲，由于一节课包含的内容较多，一般采用课外自学与课内自学相结合的方法。

其次，在学生自主学习的过程中，教师要勤于巡视，及时给予学生个别指导。教师要对学生的积极表现给予强化，对那些消极应付学习的学生给予批评、督促。

（四）自学检查

自学检查的目的是检查学生的自学情况，为组织学生讨论和教师的重点讲解做准备。自学检查的有效形式是让学生做紧扣课本内容的练习题。通过做练习，教师可以及时掌握学生反馈的信息，例如哪些学习目标已经完成，哪些还没有完成？不同学习能力的学生分别能完成哪些学习目标？练习中出现错误的原因在哪里？

（五）组织讨论

自学检查之后，语文教师可以引导学生对练习结果进行讨论，力求通过集体讨论，使学生自己纠正、解答一部分没有做对的习题，进一步理解掌握学习内容。

根据已有的教学经验，学生讨论一般从评议练习题着手为好。在这一过程中，语文教师要引导学生讨论习题做对的道理以及做错的原因，把讨论引向深入。一般来说，正确运用一节课所学的知识、定理、规则、结论才能做对练习题。因此，讲出做对的道理就是解决了本节课的教学重点。容易做错的地方，也就是学生学习困难的地方。因此，说出做错的原因，也就是突破了本节课的教学难点。这样的讨论，既解决了教学重点，又突破了教学的难点，是一种简便有效的教学方法。

（六）教师重点讲解

经过自学和讨论，有些学习内容和问题已经被学生掌握或解决，而有些内容可能还没有被学生理解、掌握，这时就需要语文教师对学生没有掌握的内容进行讲解。在学生自主学习基础上所进行的课堂讲解具有很强的针对性，是用于解惑的讲解，因此要求语文教师要精讲。

需要注意的一点是，有时候学生所学内容之间有着极为严格的逻辑关系，即前面的学习内容是后面学习内容的先决条件，前面的内容没有掌握，后继的学习就不能进行，这时候，语文教师的讲解就必须与自学检查、讨论交叉进行。也就是说，在每一项学习内容经过学生自学、讨论后，如果发现学生没有理解或掌握，教师就要进行讲解，为后面的学习扫除障碍，而不能等所有内容经过自学检查和讨论后再进行讲解。

（七）练习巩固

如果学习目标设置得当，通过学生自学、讨论和语文教师讲解，大多数学生可以初步理解并掌握规定的学习内容。但在这一阶段，学生还不能牢固地掌握和熟练地运用所学的知识、技能，甚至有些学生看似掌握而实际上只是机械模仿例题，并没有真正系统深入地理解所学内容，因此还要通过系统的练习来巩固所学知识。

在这一过程中，语文教师要注意设计好变式练习，引导学生学会概括和迁移。教师还可以设计一些难度较大的题目，使学习走向深入。在练习的过程中，教师还要视情况给予学生个别指导，尤其要对那些有困难的学生进行指导。

（八）课堂小结

课堂小结的目的是对当堂所学的内容进行概括、归纳，使之系统化，并作为一个有机的知识体系纳入学生的认知结构中。为了发展学生的自主学习能力，培养他们的独立总结和评价能力，课堂小结可以由学生进行，教师适当给予补充。课堂小结一般围绕着学习目标的完成情况来进行，要求简洁、全面，能反映出学习的重点和难点以及所学内容之间的逻辑关系。

三、创设有利于学生自主学习的课堂环境

（一）合理安排有助于学生自主学习的座位

课堂物质环境包括温度、光照、座位安排，以及学生自主学习所需的学习材料、学习设备等。其中，座位的安排对学生的自主学习影响较大。这是因为座位的摆放方式会影响到师生之间、同学之间的信息交流、学习互助，并关系到学生的自主学习是否有一个安静的学习环境。

教师对学生的座位安排主要有半圆式、分组式、剧院式、矩形式四种方式。四种方式各有其优势，教师可根据学生的特点、教学的方式和班级纪律情况综合考虑决定采用何种座位安排。一般来说，分组式和矩

形式更有利于学生的自主学习；但是如果课堂纪律较差，采用半圆式或剧场式对学生的自主学习更为有利，因为这两种座位安置方法能够更好地避免学生的学习干扰。

（二）营造良好的课堂心理氛围

现代心理学理论和教育理论证明，学生如果在压抑、被动的氛围中学习，其学习的主动性和积极性极易被抑制，学习效率也必然是低下的。因此，教师应努力营造和谐的课堂心理氛围。

1. 建立相融、和谐的课堂人际关系

课堂中的人际关系影响到师生之间、生生之间的互动，影响到课堂气氛，对学生的自主学习也有着较大的影响。课堂人际关系主要有师生关系和同伴关系。

有利于学生自主学习的课堂是以学生为中心的，而以学生为中心的课堂最为关键的特征是平等和谐的师生关系。学生感到与教师之间的关系是相融、和谐的，就会产生情绪安全感，产生更强的自我效能感，从而提高学生自主学习的效率。因此，建立起宽松、平等、和谐的新型师生关系，是促进学生自主学习的重要保障。自主学习要求教师对学生的态度不能居高临下，教师应作为"平等中的首席"，对学生的自主学习进行有针对性的指导。

有利于学生自主学习的课堂还必须有良好的同伴关系。研究发现，人缘好的学生在课堂中是最受欢迎的，他们具有较高的安全感和自信心，更具备积极的学习心理准备。因此，教师在构建良好的师生关系的同时，还要关注生生关系的和谐。

2. 用激励提高学生的自我效能感

教学的艺术不在于传授的本领，而在于激励、唤醒和鼓舞。激励是激发人的动机、调动人的积极性的重要手段，也是心理教育的重要原则。行为科学的实验证明：一个人在没有受到刺激的情况下，他的能力仅能发挥到 $20\% \sim 30\%$，如果受到充分的激励，其能力就可能发挥到

80%～90%。这充分说明运用激励机制是提高学生自我效能感、促进学生进行自主学习的重要举措。

在语文教学中，教师不要轻易否定学生的成果，这样会给学生带来不安全感和紧张的情绪，容易抑制学生的学习积极性。自信心是创造力的要素之一，教师的激励性语言可以增强学生的学习信心，有利于调动学生的学习主动性和积极性。此外，如果教师能够准确地把握每位学生的认知特征和人格特征，形成恰如其分的期望，那么这种期望就会产生巨大的力量，激发学生内在的潜能，并转化为学生积极实践的动力。

为了促进学生的自我管理、自主学习，教师应该鼓励学生相互激励和自我激励。如，对于学习取得明显进步的学生，要求其他学生向他祝贺，同时要求他介绍自己取得进步的经过；对于课堂上回答问题突出的学生，要求其他学生对他的回答做出积极评价；小组合作学习取得成功时，以合作小组为奖励单位，而不是分别奖励个人，让小组成员在分享合作成果时相互激励。

当然，激励不仅要有恰当的内容，还要有灵活的表达。激励可以是正面的激励，也可以是十分得体的反面激励。可以这么说，抓住时机、采用恰当的形式、从关心学生发展的角度出发对学生的得体的激励是促进学生自主学习的强大动力。

四、建立有利于学生自主学习的课堂准则

倡导学生自主学习、主动探究、张扬个性，并不是不要纪律和规范，合理的课堂准则，既是提高语文教学效率的重要因素，也是培养学生良好自主学习习惯的重要途径。

（一）建立以自我管理为特征的课堂准则

自我管理是一种帮助学生有效地跟踪和改变自己课堂行为的方法，包括自我评估、自我记录、自我评价、自我监控和自我指导等。自主学习能否收到良好的效果，有赖于学生学习过程中自我管理能力水平的高

低。教师要增强学生的主体参与意识，培养学生的自主管理能力。在课堂管理中，教师要尊重学生学习的自主权，对学生的学习进行有效指导，让学生参与到课堂管理中来，让学生认识到学习是自己的事，课堂的管理也是自我的管理。

教会学生自我管理，可以使语文教师将更多的时间用于教学，而将更少的时间用于管理学生的问题行为。更为重要的是，这种技能一旦获得，学生可以终身受用。可以说，学生自我管理是课堂教学管理的最高境界和归宿。

学生在课堂上的自我管理表现在心理活动上有以下几个方面：能够自我认识、自我分析、自我评价，既能发现自己的长处，也能看到自己的不足，不断提高自觉性；能够自我体验、自我激励、自我克制和自我调节，不断提高情绪控制能力；能够自我监督、自我约束和自我磨炼，不断提高战胜自己的能力；能够自我计划、自我检查和自我提醒，不断提高自立、自强能力；能够自我反思、自我感悟，以及自主维持课堂纪律和自觉解决课堂出现的问题，实现师生对课堂管理权的分享。

（二）提高学生的意志控制水平

意志控制是以考诺（Corno）为代表的意志学派极为强调的一种自主学习品质。他们认为，在学习的过程中，学生难免会遇到这样那样的学习困难和干扰，如一时难以理解的问题、身心的疲劳、情绪的烦恼和外界因素的干扰等，这时候就需要学生用意志努力来控制自己，使学习坚持进行。

意志控制在自主学习过程中所起的作用不同于学习动机。一般来说，学生在学习之初都具有一定的学习动机，但是随着学习的进行、学习困难的增加，学习动机的推动作用会逐渐减弱，而意志控制能使学习得以坚持下去。换言之，学习动机对自主学习具有更强的启动作用，意志控制对自主学习具有更强的维持功能。因此，再强的学习动机也无法取代意志控制在自主学习过程中的作用。正是有了较强的意志控制能力，自主学习的学生才能够顽强地克服学习过程中的困难，排除学习的外界干扰，实现自己的学习目标。

五、把握有利于学生自主学习的指导策略

（一）逐步完善学生的学习能力

在学习的过程中，学习能力是顺利完成学习任务的内隐的个性心理特征，它主要是通过学习策略表现出来的。学习者的学习策略可以分为三类：与具体学习行为有关的策略、与元认知有关的策略以及资源管理策略。具体学习策略指的是在从事某个学科学习时为了经济、效率和成果最大化而采取的个性化学习措施或策略，如记笔记策略、辅助线策略、记忆策略等。如果学习者没有掌握这样的策略，学习将事倍功半，难以产生成功体验，也就难以坚持自主学习。元认知策略属于一般学习策略的范畴，表现为学习者在一定目的指引下的计划、检查、反思等，它最能体现自主学习的特色。资源管理策略是辅助性质的学习策略，它主要表现为对时间资源、外界智力资源、信息资源等的利用和掌握。在学习活动中，学生只有"能学"，才可能主动自觉地学，产生自主学习，这是显而易见的。因此，教师应引导学生学会自主学习的学习策略，逐步提高学生的学习能力，为学生的自主学习奠定坚实的基础。

（二）给学生适当的自主学习的时间和空间

培养学生的自主学习能力，首先应保证学生自主学习的时间。教师要牢固树立"课堂是属于学生的"这一教育理念，把学习的时间真正还给学生。

要想学生自主学习，就要给予学生自主思维的空间。语文教师要摆正自己的位置，把自身角色定位为学生的合作者、鼓励者、引导者。要摒弃将现成知识、结论灌输给学生的做法，充分考虑到学生主动发展的需要，设计弹性化的、有一定空间和思维度的课堂问题，让学生去自主感悟、比较、体验；同时，教师要注意运用延迟评价，启发学生进行充

分的、广泛的思考，为学生个性化发展及进行创造性学习提供条件。有些教师在语文教学课堂中采取"先学后教，当堂训练"的教学策略，教学全过程都是开放的。课堂上，学生自己去学、去积极思考，教师只是"向导""路标"，只起"引路""架桥"的作用，学生的思维空间得到了最大的拓展。

学生有着与教师不一样的知识背景与思考角度，因此，教师要尊重学生的感受，不能以自己的想法来代替学生的想法，要在时间和空间上放手，多为学生创造自主学习的机会，为学生学习搭建"脚手架"而不是放置"绊脚石"。

（三）善于诱导和启发学生

在自主学习过程中，教师应做到"导而弗牵"，即教师要善于诱导和启发，培养学生的自学能力，使学生达到"疑难能自决，是非能自辨，斗争能自奋，高精能自探"的境界。当然，自主学习不是立马就让学生自己学，自主学习能力也不是生来就有的，要有一个由教到学的过程。所以，自主学习不是否定教师的作用，而是对语文教师的"教"提出了更高的要求。为此，教师要更新教学观念，尊重学生的主体地位，教给学生自主学习的本领，减少学生对教师依赖。

学生开展自主学习活动离不开教师的诱导和启发，这种诱导和启发应体现在教学的全过程中。

第一，起始阶段，教师应以明确的学习任务作为启动和组织学生开展自主学习活动的操作把手，使学生明确"学什么""学到什么程度"。所谓明确的学习任务，必须是具体的、可操作的，并且是可把握、可评价的学习行为，而不能是笼统的、模糊的、不可操作更无法评价的术语概念。

第二，自学过程中，教师要努力创设以问题为核心的学习情境，引导学生对学习材料不断进行精加工、深加工。教师应善于将学习任务转化为一个饶有情趣并具有较大思维负荷的问题情境或活动情境，使学生能在完成认知任务的同时，发展自己的自学能力并得到情感上的满足。

　　第三，组织有效评价，使学生知道自己的学习结果并及时反思。在自主学习中，学生在教师的指导下仅知道了学什么、怎样学还不够，还必须知道自己学得怎么样，学到了什么水平，这就有赖于语文教师组织学生展开充分且有效的评价活动。在组织评价过程中，教师应尽量组织全体学生积极参与，避免只与少数学生对话；应以学生的自评与互评为主，避免教师的"一言堂"；应充分展开学习的过程，避免简单的肯定和否定；要注意适度的激励，既不能挫伤学生，也不要廉价表扬。需要强调的是，语文教师要注意评价的全面性，即不仅要重视学业结果的评价，还必须重视对学生学习品质的评价，以充分体现新课程提倡的知识与能力、过程与方法、情感态度与价值观的统一的理念。一般来说，在课堂教学中，对学生自主学习品质的评价，可围绕其外显行为特征展开，比如，是否能积极参与，是否能独立思考，是否能自主选择，是否能自由表达，是否善于探究，是否富于想象，是否敢于否定，是否有浓厚的兴趣，等等。在评价的同时，教师还要善于引导学生进行及时的反思，强化学生正确的思考过程，纠正学生错误的思维习惯，使学生不断优化自己的学习策略。

第六章 高中语文课堂阅读教学创新

第一节　群文阅读

一、群文阅读的概念与类型

（一）群文阅读的概念

群文阅读是群文阅读教学法的简称，是指通过一个主题来选择一组文章，由师生围绕这个主题展开的集体阅读活动。这种教学方法的显著特点就是阅读对象是多篇文章。实际上，群文阅读教学就是通过多篇课文的对比，来给学生提供一个比较和辩论的对话环境，让学生在辩论的环境中相互引导，使学生从多个角度来思考、理解和解决问题，使其逐步形成良好的阅读能力。群文阅读教学的关键是以粗读和略读为主，以分享感悟为核心，以探索发现为乐趣。

（二）群文阅读的类型

1. 单元群文阅读教学

单元阅读教学，就是按照教材单元编排来设计高中语文阅读的教学活动。单元教学比较注重团体教学，适合在集体教学中进行。高中语文课本大致可以分为阅读鉴赏、表达交流、树立探究和名著导图四方面内容，而每个单元基本上是依据某个主题或者文章体裁来进行单元分布的，这便为单元阅读教学提供了便利。

单元教学，要从整体出发，统筹安排，以一篇或两篇精读文章的教学来带动整个单元的教学。它是把讲读、自读、练习、写作和考查等环节有机、灵活地结合起来，形成一个密不可分的整体。在一个新单元教学的伊始，首先，教师应该进行单元导读的讲解，让学生从整体上掌握一个单元的整体布局与主要内容；其次，教师应该进行单篇文章的讲解与学习；最后，在学习完整个单元的文章之后，教师对整个单元进行总结，将整个单元知识综合在一张试卷上，对学生进行测验，以检验学生对本单元知识的掌握情况。

实施单元教学，必须对整个单元的文章进行整体教学设计。教师进行单元教学设计时，应从一章或者一个单元的角度出发，根据章节或单元中不同知识点的需要，选用适合文本内容和学生学习的各种教学形式和教学策略。

2. 主题群文阅读教学

教师根据主题制订教学计划，灵活地选择主题相同的文章进行整组学习，为学生提供恰当的学习情境与主题，制定学生需要达成的学习目标，逐步实现设定的教学目标，这一教学过程就是主题教学。主题可以分为知识与能力主题、情感与价值观主题，二者相互渗透，相互包容。因此，主题教学就是教师在确定主题的情况下，创设一种学习情境，运用相关的教学方法，推动学生学习并达成学习目标的教学实施的过程。

实施主题教学的关键主要有六步，即引出话题、梳理话题、确定主题、自主探究、反馈交流、赏读领悟。在教师确定阅读主题后，便要组织学生收集与主题相关的文章，从而让学生在群文阅读中建立完整的知识体系。时评文是主题群文阅读的最佳素材之一。

二、实施群文阅读的策略

（一）确定议题

议题，是在群文阅读课堂教学中讨论的核心话题，是在群文阅读时让学生和教师共同展开议论的话题。设置"议题"这一环节，是开展群文阅读活动的核心所在。只有确定了合理的议题，才能够围绕这个议题来进行书目选择和文本分析等群文阅读活动。

（二）集体建构

集体建构，是指学生能围绕议题提出问题，发表不同的见解，主动与阅读伙伴交流思考成果并走向共识的过程。集体建构的过程轻松、愉悦、活泼和自然。集体建构需要学生在有效的师生互动和生生互动过程中进行激烈的思想碰撞，从而让学生在阅读中积极思考，形成创新思维。

之所以要重视集体建构，是因为群文阅读的难度很大。学生只有在教师的指导下，倾听一些较为成熟和个性的观点，才有可能全面把握群文阅读的主旨与内涵。此外，在集体建构中，如果学生能够认可某种观点，那么他们便会在未来的群文阅读活动中应用这个思维成果，这对于优化学生的思维结构是大有裨益的。

（三）达成共识

群文读者达成共识是整个群文阅读教学活动的最后一个教学环节，它是指学生能够通过集体建构来对议题形成共同认识。寻求共识，并不是忽略结论的准确性，而是注重得出正确结论的方法。群文读者的共识，是由集体达成的，提倡差异性和多元性，所以学生并不需要形成完全一致的结论。

第二节 整本书阅读

一、整本书阅读的概念

整本书阅读是指通过对整本文学作品的阅读和分析，深入探究文学作品中的主题、情节、人物形象、语言运用等方面，达到全面、深入地理解文学作品的目的。

二、高中语文整本书阅读的价值与路径

（一）整本书阅读教学的价值

"整本书"是相对于独立文章而言的，一般在内容、形式等方面具有完整性和统一性。整本书既可以是小说、散文、诗歌、戏剧等文学著作，也可以是传记、科普、新闻等实用类著作，还可以是论述性的社科

类著作。就语文教学而言，"整本书阅读"主要侧重学生通过自主阅读经典著作，收获知识，丰富阅历，从而提升思想境界和精神高度。整本书阅读教学的价值体现在以下几个方面。

1. 推动语文学科核心素养的发展

从本质上说，整本书的篇章内容是经典的，无论是思想内容还是语言艺术都值得学习，即便是带有明显娱乐色彩的著作，其情趣也应该是高雅、健康的。教师选择文质兼美的整本书，科学有序地组织学生阅读，使学生逐渐积累语言知识，提高语言运用能力，通过阅读实践和体验形成科学的思维方法，养成正确的情感态度和价值观。同时，整本书阅读教学也在不断地促使教师阅读，使教师形成较高的审美鉴赏能力和创造力，从而提升教师的语文核心素养。

2. 积累丰富的阅读经验，提高学习能力

"整本书阅读与研讨"旨在引导学生通过"阅读"与"研讨"的方式提高语言文字运用能力，从而陶冶情操，提升精神境界。在"阅读"与"研讨"方法驱动下，整本书阅读要突出学生的主体地位，教师要采取适宜的方法引导学生阅读。当然，这种阅读方式的作用不仅是激发学生的阅读兴趣，还能拓宽学生的阅读视野，使学生掌握不同题材、文体的整本书的阅读方法，积累阅读经验，形成自己独特的读书本领，练就终身学习的能力和品质。

（二）整本书阅读教学的路径

1. 落实主体地位，凸显本真阅读价值

"以学生为主体"是现代教学思想的核心要义，是设计教学活动的出发点。学生通过阅读整本书可以认知人类社会，提升文学艺术素养，养成健全的人格品质。为达成阅读效果，教师应注重引导学生积累丰富的阅读经验，激发学生的阅读兴趣，实现整本书的阅读价值。具体来说，教师可以预先创设"问题"，明确阅读指令，驱动学生的整本书的阅读行为，而不是以教师的阅读代替学生的阅读。例如，在实施《论

语》整本书阅读教学时，教师可以先组织学生搜集有关孔子的趣事以激发学生阅读整本书的兴趣。为便于学生自主阅读，教师可以帮助学生选定适合的版本，扫清文字障碍，疏通文义。在理解文意的基础上，教师可以定期组织学生讲述《论语》中蕴含的哲理。当然，整本书大多篇幅较长、结构复杂，为避免阅读疲劳带来的厌倦心理，教师可以渐进式地组织学生阅读。《论语》中有丰富的人生智慧和深刻的处世道理，教师在教学时可以组织学生以辩论、演讲、编剧等形式表达阅读见解、认识，以此顺利推进整本书的阅读任务。

2．紧扣文本特点，实施多样阅读方法

课程标准中界定的"整本书阅读"有其丰富的实用价值和深刻的文化价值，与通常所说的课外阅读有根本的区别。从体裁的角度，有文学名著、文化类典籍、实用类著作等样式；就形式而言，有文集类（如《呐喊》）、系统类（如《史记》）、章节类（如《红楼梦》）、语录类（如《论语》）等。整本书阅读既然纳入课程标准的任务学习群，就不再是简单的自由阅读，而是"法定"的教学内容。因此，教师在实施整本书阅读教学时，应抓住"整本书"的内涵，在摸清学生认知水平的基础上，依据文本特点、文本类型，采取主题研讨式、任务清单式、项目化学习等方式，落实任务学习目标，提升"整本书"的阅读品质。当然，传统意义上的精读、泛读、批读等阅读方式也不能丢。

3．调动阅读兴趣，构建多元评价体系

评价是检验整本书阅读教学效果的重要手段。科学、有效的多元化评价能激起学生对整本书的阅读兴致，促进整本书阅读教学向纵深发展。从阅读行为主体来说，阅读本身具有全民性，因此，整本书阅读教学评价除从师生的角度进行评价外，还应该建立学校、家庭、社会等多方联动的评价激励机制。从评价方式的角度看，教师可以通过演讲、读书报告会、辩论赛等活动进行过程性评价，也可以通过读书大赛、撰写小论文等形式实行结果性评价，最终以量化指标呈现。无论以何种方式

评价，都要围绕阅读目标，依据整本书的核心内容、难易程度和学生的认知特点，真正实现以评促读、以评促教、以评促学的有机统一。当然，任何评价策略都是以目标的达成、活动的效度阅读的价值为旨归。

第三节 信息技术下语文课堂阅读教学创新

一、阅读教学策略的相关概念

（一）教学策略

"策略"一词，早期作为"方法"或"程序"的同义词使用，后来也指活动的序列化和师生间的实质性交流。策略既指一系列达成预期效果的有目的的教学行为，也指学习者用于完成学习任务的一系列认知活动过程。教学策略即教学主体对教学过程进行宏观与微观统一的计划、评价、调控，以追求高教学效率的计策和谋略，是一种实际实施的程序和计划框架，是教师为达成显性或隐性的教学目标所采取的一系列解决问题的行为的总和。

教学策略包括了教学准备活动策略，信息呈示、沟通、反馈策略，课堂管理策略，教学评价策略等部分。教学策略的设计既要吸收教育理论有关教与学的过程、教与学的支持性条件的研究，又要考虑教科书的内容和当下学生的特点。

（二）阅读教学策略

阅读教学策略是指为实现阅读教学目标而进行的对教学内容、教学方式、教学过程、教学评价等方面的策划与选择。它要解决的是怎样教和怎样学的问题，即为达成阅读教学目标而采用的方法、手段、途径。过去的阅读教学策略观，把学生看作被动的学习者，认为只要学生能掌握一系列学习的技能，就能够自动而习惯地把所学的技能用于所读的文本当中去，从而获得对文本的理解。从学生发展的角度而言，这种阅读教学的技能观对于学生的成长是非常不利的。表面上看，学生能够较快地理解文本，学生的阅读能力似乎提高了，但是学生自主调控学习的能力丧失了，因为学生的阅读已经自动化。人一旦成为机器，就不能成为完整的人。新课标背景下的阅读教学策略观，把学生看作学习的积极者，学生必须把原有的知识和新的知识进行整合，必须运用阅读策略去促进、监控、调整和维持对文本的理解，如此才能建构文本的意义。

二、信息技术下的阅读教学方法创新

语文教师应以信息技术为基础，采用创造性的方法，指导学生阅读，目的是使学生动脑思考，主动地学，创造地学。创造性阅读，就是尽所能地去发现挖掘文字表层下所蕴含的信息。为了达到这一目的，教师首先应培养学生对于阅读的主动性、持久性、探索性等品质，培养他们创造性阅读的强烈自觉性及意识。此外，教师要引导学生多体验在阅读中进行思维的乐趣，并且对学生在阅读中产生的大胆想法、评价持肯定态度，指导学生广泛地阅读，在实践中培养学生的创造性阅读意识，为他们的阅读能力培养奠定思想基础。

（一）发现探究式教学法

即教师引导学生发现问题，提出自己的意见，特别是带有创造性的见解；帮助学生由过去的机械接受向主动探索转变，发展其创新思维能力。在此法中，教师要注意引导学生借助已获得的有关知识，去寻找新的矛盾，以求得对问题的深入理解，探求掌握新的知识。

（二）想象教学法

想象教学法是以培养学生想象力为目的的教学法。从一定程度上说，想象过程就是形象思维的过程，想象的结果也就是形象思维的结果。想象中的创造想象是一切创造活动的必要条件。因此，教师在阅读教学中应有意识地培养学生的创造想象能力。教师在讲授时，可以充分利用学生的生活经验，创设教学情境，促进学生对文章的内容进行积极的思维，发展学生的想象力。

（三）发散集中教学法

阅读中教师找准文章的发散点，提出开放性的、没有单一答案的问题，给出一定的时间，尽可能让学生把与众不同的想法说出来，再通过集中思维，得出正确的结论，以培养学生的创造性思维。

三、信息技术下语文阅读教学平台的构建

这里所说的语文阅读教学平台包括以下几个模块。

（一）教师模块

教师模块的功能面向教师，主要包括资源管理和观察学生等。资源管理指对公共学习资源的添加、删除和修改等；观察学生指在平常的教学中，观察学生的阅读情况和讨论情况，以掌握每个学生的学习情况。该模块的服务功能面向学生，向学生提供可以浏览的文章、试题信息。

（二）学生模块

此模块的功能面向学生，包括以下几个子模块。

1. 课前预习模块

课前预习模块是让学生学习新课的字义、词义和句义等，主要培养学生的自主学习能力，为后续的事实性阅读和理解性阅读做铺垫。

2. 阅读空间模块

阅读空间包括阅读区和讨论区，在阅读区每个学生有自己的读书书架，书架上是已经阅读的文章和未阅读的文章，已经阅读的文章下面有学生对此文章的评论。学生可以访问他人的阅读空间，了解别人的阅读情况，以阅读别人感觉不错的文章。此模块主要培养学生的评判性阅读能力。

（三）家长模块

此模块的功能面向家长，主要包括以下几个功能：

第一，通过此模块家长可以随时关注孩子的阅读情况。

第二，家长可以和语文教师在这里交流，互相了解孩子在家和在学校的情况。

第七章 高中语文课堂写作教学创新

第一节　写作活动中创新素质的培养

一、创新素质的培养要求

21世纪的教育是伴随着创新教育的发展而发展的。创新教育是一种以培养人的创新精神和创新能力为基本价值取向的教育，它以创新素质培养为其根本任务，旨在激发学生的创造欲望，强化学生的创新意识，提高学生的创新能力。所谓的创新素质的开发，是指以培养学生成为具有高素质的创新型人才为目标，通过理念创新、环境创新、课程创新和教法创新等，全面培养学生的创新意识、创新个性和创新能力。

（一）重视人文精神的渗透

人文教育的目的旨在提高学生的人文素养，培养学生的人文精神，促进学生思想境界的提升、理想人格的实现以及个人观与世界观的形成。人文素养，也称作人的基本修养，主要体现在一个人对自己、他人和社会的认识、态度和行为准则当中。人文精神主要以世界观、人生观、价值观以及人格特征、审美情趣等形式体现，是人文素养的最高形式。写作活动中的人文教育，是指教师将写作知识、能力、方法以及情感、态度、价值观等传递给学生，促使学生形成人文意识，提升学生的人文素质，让学生体验、记录、反映和创造生活的过程，实质上是融言语情感、言语体验及言语实践于一体的活动，即通过长期的情感陶冶、责任感的培养、思维能力的训练、价值观的熏染等人文教育的方式使学生形成正确的世界观、人生观、价值观。写作的主体是人，人最本质的需求是认识自我，因此，我们要正确对待自己，充分理解人生的意义，并把人生意义升华与社会价值实现统一起来。这种内在转化和外在体验的过程不仅是个体的成长过程，还是社会群体文化跨越新台阶的过程。

以人文精神为出发点和归宿点的写作活动，充满了人性的魅力，能给学生的价值观和人生观带来积极的影响，是传承人类优秀文化的过程。只有学生的人文精神得以体现，他们才能最大限度地发挥才智，写出来的文章才会富有生命的含义。具体来说，写作活动主要从三个方面来体现人文性：

第一，人文精神培养方面。写作活动应该立足现代化建设，放眼全球文化视野，弘扬民族文化，培育新时代人文精神。

第二，学生个性化成长方面。写作活动应该尊重学生的差异性，调整并发挥每个学生的优势，以学生为本，追求个体的全面发展。

第三，社会对创新型人才的期望方面。写作活动必须结合社会对人才的期望和要求来有目的地、系统地提高教学效率。

（二）坚持"以生为本"的理念

"以生为本"的理念既包括"以学生的学习为本"，又包括"以学生的发展为本"，前者为基础，后者为目的。新课标的写作活动关心每个学生的独特性和个性的培养，反对学校过分强调考试成绩而忽视学生情感的正常成长。

"以生为本"的写作活动理念要求教师明确"现代课堂教学要为学生的有效学习而服务"的观点。首先，教师应根据学生学习的实际起点来设定学生学习的预期目标，同时对社会要求、学校及班级的具体情况进行目标与现实间的差异研究，设计出有利于学生整体发展的方案。其次，写作活动要服务于学生个性化的、全面的、可持续的发展，开发学生的写作潜能，健全学生的人格，促进学生适应当代学习型社会中"知识快速更新"的局面。最后，教师要准备动态的写作活动方案，包括备课的、上课的及课后评价的动态方案。这样，才能真正有助于学生的写作学习与和谐发展。

（三）强调信息技术的利用

随着科技的发展，信息技术与学科课程的整合也越来越成熟，语文教学无论是内容的呈现方式，还是学生的学习方式、教师的教学方式乃至师生互动的方式等都发生了巨大的变化。这里的整合，一方面指的是教师通过对教与学过程及相关资源的设计、开发、利用、管理和评价，实现教育教学优化的理论与实践；另一方面，指的是实现以计算机为核心的信息技术在教育、教学领域的运用。信息技术的使用在培养学生迅速收集、处理信息能力，主动扩展学科知识面的能力等方面起重要作用。

随着信息技术的发展，教育技术的应用方式也在不断地发展，主要包括：以音像技术为基础的课堂多媒体组合教学方式；基于卫星、电视、广播的远程教学方式；基于多媒体计算机的个别化交互学习方式；基于多媒体教室网络环境的协作学习方式；基于互联网的远程通信教学方式；虚拟现实仿真教学方式。教师运用现代教育技术手段，创新应用写作教学模式，有助于革除传统教学模式的弊端，加大教学的信息量，拓展学生自主学习的时间和空间，增强师生之间的教学互动，更充分地发挥教师的主导作用和学生的主体作用，激发学生学习的兴趣和写作的欲望，从而极大提高教学效率和教学效果，培养出更多熟练掌握应用写作技能、具有较高人文素养的技能型和应用型人才。写作活动的任务就是让学生通过观察、分析、揣摩、比较、联想、讨论和表达，实现个性化的再创造。根据写作活动的需要，教师可以搜集与教学内容相关的写作素材，如图片、音频等，并在教学过程中有选择性地向学生展示，如此就能提高写作活动的趣味性。

二、营造富有交融性的写作文化氛围

就文化与教育的关系而言，教育是一种文化现象，文化是教育的血肉和灵魂，教育活动具有独特的文化意蕴，教育通过传承文化、选择文化、创造文化来促进文化和人的发展。人和文化是教育的两个维度。文化给教育以社会价值和存在的意义，教育给文化以生存依据和生机活力。简言之，文化和教育的结合，是一种内在的重构聚变创新。

写作中所涉及的文化要素有很多，比如多元文化、民俗文化等。不同的文化因子加入写作活动中，会让写作行为变得更为丰富，会让学生的创新素质得到更快、更好的发展。

要在写作活动中创设轻松、愉快、激情等不同的文化氛围，必须充分挖掘不同文化要素的内涵，并通过情感体验和写作实践来唤起学生的共鸣，提高学生的写作文化素养和审美情趣。不同文化氛围的营造，需要相应的大量资源。比如影视文化氛围的营造就需要大量影视资源以及其他相关资源。影视资源让学生通过情境，将抽象的观念图式化，在良好的文化氛围里开阔视野、激发意识、培养才能、完善品格，从而达到文化教育的效果。不同文化艺术资源所传递的文化因子，不仅给人们无限的遐想空间和无限的延伸魅力，还蕴含着人类千百年来积淀的创新的思想，使得人们在不同文化或文化形态的信息交流和沟通的过程中超越时空局限，以一种直接的、感性与理性结合的方式认识世界和自己。总之，教师应对不同主题的写作，创设相应的不同文化类型的课堂教学氛围，积极培养学生的创新素质。

（一）以不同主题课堂教学文化氛围的营造来体现交融性

首先，课堂不仅是一个授予学生知识与技能的场所，还是一个学习不同文化、传授不同文化的场所，教师要引导让学生通过学习体验生活、感悟人生、学习其他文化以及传承民族文化。同时，课堂还应该成为师生情感交流的场所，良好的课堂文化是写作教学成功的前提条件。课堂文化指的是在长期的课堂教学活动中形成的，并为师生所自觉遵循和奉行的课堂精神、教学理念和教学行为。良好的课堂文化氛围能改善师生关系，加强学生在写作活动中的创造欲望。

其次，教师在写作课堂教学中进行文化氛围的创设时，承担的不仅是知识传播者的角色，还包括文化传播者的角色。因为教师要将不同文化的精髓和特点加以恰当表达、阐述，并不是一件容易的事情。为此，教师应借助恰当的工具来展开对不同文化的表达，比如教师可依靠影视作品，让学生获得直观的文化和审美感受，从而使学生对某种文化、某个时代和某个民族产生更为直接的感性认识。在写作课堂中，语文教师依靠这种教学方式，不仅能更好地让学生认识到写作内容的文化属性和特征，还能为每一个学生的发展奠定人格成长与学力发展的基础。

（二）以多元文化写作氛围的营造来体现交融性

1. 通过不同形式的素材营造出多元交融的写作氛围

每一个典型的写作素材都有着独特的文化价值和艺术魅力，其原因有两个方面：一是该写作素材中所储存的深厚文化价值、所传达的文化信息以及对这种文化独特的阐释视角给观众带来的既陌生又亲切的心理效力。二是不同的写作素材必然具有与生俱来的独特的艺术表现力。这种属性既具有天然的适用性限制范围，也具有天然的创新潜在范围。前者是教师和学生在写作中应规避的，后者是教师和学生在写作中应加以发扬的。最终结合在写作上则表现出写作素材的个性化表达，实践性、创造性和综合性特点的文本呈现。基于此，多元文化是写作课堂教学创新的关键要素，这不仅体现在不同文化要素下的基于语言、题材、情节等所呈现出来的作品，还体现在对多元文化所营造的氛围上面。这些氛围可能是静态的，也可能是动态的。这些不同的状态表现在写作课堂教学上则是对教学手段、教学工具的选择和运用。以影视为例来看，影视的动态性特点不仅能将作品的对话过程动态地体现出来，将人物角色的语言美加以展现，将作品情节以动态的方式加以展现，还可以使写作课堂的影视工具性得以体现，并从这个角度展现出影视这种工具之于写作课堂教学创新的范式。

2. 以改编的教学手段来塑造交融性的写作氛围

写作课堂教学所涉及的改编既包括小说、戏剧、散文、诗歌等文学样式的作品改编，也包括影视剧本、游戏剧本等更为现代性、智能性文本形式的改编。作为创造写作过程对多元文化氛围的有效追求途径之一，改编将让创作主体以与素材相一致的文学方式来表达主题。对语文教师来说，应从创新的角度来利用这种教学手段，让学生在影视资源、影视手段与文学写作的相互作用、相互转换过程中感受多元文化氛围，培养创造性写作能力。

三、资源整合：构建写作评论课程

写作评论是教师或学生个体化表达与社会化融合的折中，是评论者对作品的特点、价值等的议论，以及对自己所感所想的表达。它可以是一种评说，也可以是一种对原材料的加工，还可以是一种再创造。写作评论既有助于再次欣赏作品，又有助于提高写作和欣赏水平，还有助于其他创作者从这种对别的创作者的作品评价中确立自己的创作定位。写作评论是连接创作者与读者的中介和桥梁，也是连接作品与读者的中介和桥梁，对整个写作课堂教学创新具有重要的导向作用。

语文教师可引导学生阅读经典的评论类作品，这样有助于学生了解评论写作的特点和有哪些重要环节，还能培养学生的创新素质。可以说，构建写作评论课程，是教师培养学生创新素质的最佳方式之一。写作评论课既是创作美学的课程，又是感悟生活、体验文化的课程，其特点是教学内容有趣实用、教学观念新颖、教学资源丰富、教学方法多样。写作评论的特点有：篇幅没有限制，内容千变万化，问题把握敏锐，时空跨度大，概括精准。结合写作活动的特点，写作评论要求学生全面准确地理解文本作品的内涵，在审美标准的基础上，通过不同的角度来分析不同的作品，按照文学创作的规律来分析以及处理现实生活与艺术作品之间的关系，力求超越创作者和作品本身。

通过写作评论课来进行写作活动，能有效地培养学生的创新素质。由于写作评论的主旋律是生活、文化与美，所以写作评论课程是一门对不同文化艺术资源所反映的现象与信息进行评论教学的课程。简言之，写作评论课程就是一门关于教授"什么是写作评论""为什么要进行写作评论"，以及"怎样进行写作评论"的课程。可以用"赏、析、研、模、创"来概括写作评论课程的教学步骤。"赏"，即欣赏体会。教师要根据教学内容为学生选择熟悉的、经典的文学艺术作品。"析"，即分析探讨。教师应以学生的个性发展为前提，解决学生的困惑，帮助学生充分理解文学艺术作品，并鼓励学生结合所学知识，提炼心得体会。"研"，即研究细节。教师应结合写作活动的内容，引导学生掌握文学艺术作品所传递的信息。"模"，即模仿写作。教师可选取几个典型的文学艺术作品片段，让学生模仿。"创"，即创作实践。教师要指导学生通过自己的生活体验以及联想、想象来创作属于自己的故事。

四、过程优化：创新写作活动

创新写作活动主要包括：一是写作活动内容应体现整体性。创新教育包括智力教育和情感教育两个方面，二者缺一不可。任何创新都是在个人魅力和智力的带动下，将学习知识内化，并在自己的心智体系中得到进一步发展的过程。因此，写作活动中创新教育的内容应体现整体性，从培养学生写作创新能力出发，以智力和情感的统一作为归宿来构建写作活动体系。二是写作活动过程应体现主体性。写作过程是先把生活体验和知识积累转化为思想，再将思想转化为书面文字的过程。在这两次转化的过程中，学生是唯一的主体，是转化能否成功的关键。教师应遵循学生的思维规律，考虑学生的实践能力，给学生预留一定的创新空间，让学生积极投身于社会实践，充分发挥其主体性，发挥其创新才能。三是写作活动手段应体现鼓励性。教师应加强对学生的个性化意识的培养，并以鼓励为基本导向。四是写作活动评价应体现多元性。片面的评价只会限制教育的进步，简单的测量和测验是远远不能说明创新教育的效果和价值的，只有进行多元评价，才能获得最为客观的、最为本质的结果。

在以写作活动整合不同文化艺术资源，开发创新素质时，语文教师应从创新教学内容、创新教学方法等方面来进行。

（一）写作活动中教学内容的创新

语文课程资源分为课堂教学资源和课外学习资源。教科书、工具书、教学挂图、教学设施等属于课堂教学资源；其他书籍、报刊、影视广播、网络、各式报告研讨会、各种展馆与图书馆、各类标牌广告、各地自然风光与风土人情、社会实践等属于课外学习资源。从获取知识的角度来讲，教科书上的课文仅是学生获取某一方面知识的桥梁，更深入的知识内涵则需要学生从更广的课程资源中获得。因此，写作活动要创新教学内容。

从信息技术媒介文学艺术资源来看，其一般会以生动的画面和感人肺腑的故事情节对学生进行熏陶。通过观赏信息技术媒介类文学艺术作品，学生将学会关注、尊重多元文化，并促进古今中外文化的交融。通过写作评论，学生将学会评论的方法，培养生活意识、探究意识，发展个性，丰富自己的精神世界。通过影视剧本的创作与改编，学生将提高文字运用能力和创新能力。但由于大部分学生受欣赏水平的局限，观看文学艺术作品在某种程度上只是作为他们生活中的一种娱乐方式。所以，教师需要通过以下几种方式来创新教学内容。

第一，补充教学常识。补充作品所反映内容的时代常识和该艺术形式的艺术常识。由于学生的审美能力、创新能力相对薄弱，教师应尽量选取一些富有情节性、贴近学生生活的影片或者片段让学生鉴赏。

第二，加强生活体验。教师应引导学生体验自己的生活和别人的生活，并将这些生活所获得的意义转化为自我意识、自我价值。

（二）写作活动中教学方法的创新

教学方法是指向特定课程与教学目标，受特定课程内容所制约，为师生所共同遵循的教与学的操作规范和步骤。基于不同文化艺术资源与写作活动的重构聚变，写作活动的创新方法主要有探究性教学法、比较分析教学法和活动教学法。

1. 探究性教学法的应用

探究性教学法在写作活动中的应用有三大特点：一是让写作活动的场所从单一的教室延伸到开放的社会，实现课内外和校内外的全面资源整合；二是探究性学习帮助学生通过亲身实践来获得写作知识和写作技能，提高学生学习效率；三是调动学生学习写作的积极性和主动性，激发他们探索问题和解决问题的兴趣。

探究性教学法离不开综合性学习活动。综合性学习作为一种相对独立的课程组织形态，将人类社会的综合性课题和学生关心的问题以单元的形式统一起来。它强调把外在的内容形式转化为内在实际的结果，实现从内容到形式、从手段到结果的统一。综合性学习活动的宗旨定位在强调学生通过实践，增强探究和创新意识，学习科学研究的方法，发展综合运用知识的能力。

2. 比较分析教学法的应用

在写作活动中，比较分析教学法主要指文学艺术作品与影视文本之间的比较分析和文学艺术作品与影视评论之间的比较分析。前者的主要目的是学习语言文字和影视语言相互转化的过程与方法，从而增强学生的想象力和创造力；后者的主要目的是培养观察生活的能力和鉴赏艺术的能力。通过二者的比较，能够做到从多元视角来深刻了解不同文学艺术作品所传达的丰富信息和文化内涵。

3. 活动教学法的应用

语文新课程活动性学习强调"人的发展是以活动为中介"的观点，坚持"在活动中学习和发展"的理念。学生的身心主要依靠有目的的、有教育意义的活动进行主动的、探究性的发展。在写作活动中，教师不仅要关注学生认知方面的变化，还要重视学生个性价值观的形成。写作活动的类型可以有探索式的、交往式的、体验式的和创造式的；写作活动的价值主要包括"最近发展区"的定位、挑战性问题的讨论、文化水平的提升；写作活动的环境则以人文环境和物质环境为主。在具体活动中，教师还应做到：面向全体学生，关注个体差异；注重发挥教师的"主导"作用；强调师生、生生之间的沟通和交流；针对不同的写作内容提出不同的活动要求；分析学生的思维变化和独特感受。

第二节 实现写作教学创新的教学设计

一、实现写作教学创新的教学设计总体要求

（一）创新教学设计应有助于全面提高学生的语文素质

语文课程应该培养学生热爱语文的思想感情，指导学生正确地理解和应用语文，丰富学生语言的积累，培养学生语感，发展学生思维，使他们具有适应实际需要的识字写字能力、阅读能力、写作能力、口语交际能力。语文课程还应重视提高学生的品德修养和审美情趣，使他们逐步形成良好的个性和健全的人格，促进德、智、体、美、劳全面发展。具体地说，基本的语文素养应包括识字写字能力、阅读能力、写作能力、学习能力，以及文化修养、品德情操等方面。写作教学设计应该在提高学生的基本语文素养上下功夫。传统的写作教学过于关注写作知识和技能的传授，而把学生的情感态度、价值观等方面的目标看作可有可无的东西，写作变成了知识的操作和演讲。这种教学结果是，在强化知识技能的同时忽略了学生的全面发展。语文课程改革强调语文素养的形成与发展，这意味着教师在教学过程中要关注学生的心灵，使学生获得知识和技能的过程成为形成正确的价值观的过程。

（二）创新写作教学设计应从学生的实际出发

写作能力是一种综合性的能力，它不仅包括学生对写作知识的掌握，对写作技巧和书面语言的运用，还包括学生对事物的观察能力、分析能力、想象能力等各个方面。学生语言的发展和思维的发展是有规律的，写作教学设计要以教育学、心理学的原理作为支撑，从学生的实际出发，遵循学生生理和心理的发展规律。如果超越了学生的认识和思维的发展进程，一味地去求新、求异、求快，拔高训练要求，加大训练难度，不仅事倍功半，还会影响学生写作的积极性。

观念是一切教学改革的先导，设计是一切行动的指南。教师只有对新理念进行深入解读和贯彻，并在此基础上制定出恰当的教学方案，才能带来学生创作心态的全面优化，以及写作教学效率的根本提高。

二、实现写作教学创新的教学设计具体内容

（一）写作教学目标设计

写作教学目标是写作教学的出发点和归宿。它是教师所预期的通过各种教学活动使学生的学习发生明显变化的结果，是教与学双方通过一系列的教学活动奋力达到的目标，同时也是检查、评定教学活动效果的参照物。

写作教学目标的设计对写作教学有着重要的意义，它如同罗盘对于茫茫大海中的航船，如果罗盘失准，航船就很难准确抵达目的地。然而在写作教学中，由于种种原因，一些教师对写作教学目标的设计常常偏离了语文教育的目的，主要表现在三个方面：第一，偏重知识传播，忽略学生的情态和态度的养成；第二，偏重结果，忽略了过程；第三，重方法，轻内容；第四，忽略学生良好写作习惯的养成。为了避免以上问题，教师在进行写作教学目标设计时应做到以下几点。

1. 写作教学目标设计应重视写作的情态与态度的养成

语文是一种交际的工具，这种交际不是发生在人与物之间，而是存在的一种状态、一种需要，它灌注着主体的情感，充满着人生的体验，显示着沟通的渴望。语文学科，一旦抽掉了人文，整个学科便会成为一套令人难忍、使人窒息的枷锁。而作为精神活动产品的写作，充满了人的思想、情志，应更具有人文性。把写作与育人相联系历来就是我国语文教育的传统。古代就有"文如其人"之说，叶圣陶也主张写作与"做人"统一，他告诫教师：指导学生写作不能只着眼于技能，必须时时顾及学生"其人"这个整体，把精神训练放在首位，这里的精神训练包括陶冶道德、训练思想、培养情感、锻炼观察。

新的写作教学应该将人格的形成（包括价值观的形成、认识事物能力的形成、思想情感的形成）同语言表达能力的形成结合起来，即通过以生活世界为对象的写作，在培养语言表达能力的同时，通过以写作内容为中心的讨论活动，使学生深化对生活的认识，形成主体性的人格。语言表达最深层的根源是人本身，无论立意、选材，还是结构、表达方式的运用都离不开人对生活的认识和感受。对生活没有思考就不会有立意，对生活没能感动就不会抒情，解决写作的难题必须从源头入手。教师应该摒弃纯形式的写作训练方法，代之以人格的形成发展同语言表达能力的形成发展相结合的写作教学。

2. 写作教学目标设计应重视写作的过程指导

写作教学目标设计要注意写作的过程与方法，这意味着教师在教学目标设计中要思考通过什么方式打开学生的思路，从而把学生带入写作过程。叶圣陶说："文章写不通，主要由于没有想通，半通不通的文章就反映半通不通的思想。"文章是客观事物的反映，而反映的中介是思维。语言是思想的物质外壳，而语言文字则是思想的外在表现，是思维的物化；写文章就是写思想的外在表现，是思维的物化；写文章就是写思想，讲话也就是讲思想。所以说，要写好文章，关键在于拓展思路，启发思维。思想禁锢，就不敢写，需要解放思想；思路闭塞，就无话写，需要打开思路；思绪紊乱就不会写，需要理清思绪。如何拓展思路呢？教师可以采取一些方法，激发学生的写作愿望和动机，调动学生的写作情绪。在写作指导中，师生共同讨论，根据题目，学生参与审题、立意、选材组材、结构思路、写作方法等方面的讨论。当然这种讨论不是要把大家的意见统一到某个标准模式上，如以往的只能这样写不能那样写之类的训诫，而是让学生充分思考、准备，互相启发，资源共享。大家共同讨论写作的材料、写作的构思，在个人起草和修改环节，就可以将典型材料或构思写进其所创作的文章中。

3. 写作教学目标设计应重视写作内容的丰富性

写作要感情真挚，力求表达自己对自然、社会、人生的独特感受和真切体验，要求学生能多角度地观察生活，发现生活的丰富多彩，捕捉事物的特征，力求有创意地表达。要达到这样的目标，首先要解决写什么的问题。因为只有写自己动情的东西，才可能写出真情实感，才可能表达出对所写之事的独特感受和真切体验；只有写自己真正感兴趣的东西，才可能发现生活的丰富多彩，才可能产生有创意的表达。

写作教学目标设计应重视写作内容的丰富性。首先，教师应拓宽学生的生活视野，丰富其人生经历和体验。如今素质教育的全面推行已逐步打破了应试教育形成的封闭性教育模式，逐步激发了学生的生活活力和热情，语文教师也应感应大时代的脉搏，解放蒙蔽学生大脑和眼睛的外部束缚，细心引导学生走进生活、观察生活、感受生活，最终回归生活、再现生活。其次，教师要积极构建生活本色化内容的写作模式，摒弃那种抽空了生活趣味和人性之美的应试写作，从假大空的应试思路回归到平实朴素。具体包括两个方面的内容：一是引导写作题材的实有化。教师在确立写作的题目时，应立足于常见的题材和内容，让学生从中挖掘出创作的"根"，让他们有话可说，有感而发，充分尊重学生的思维选择、价值取向。二是引导创作情思的真诚化。写作的情感方式，说到底就是作者的生活方式。学生笔端流出的情思是应其生活中反复酝酿、精心筛滤、汰尽杂质和水分的"美酒"，而不应是轻浮在生活表面的炫目的"泡沫"。写作必须是对丰富多彩的生活的个性表达。

4. 写作教学目标设计应重视学生良好写作习惯的养成

良好的写作习惯是学生具有创作能力的标志。能力不是一会儿就能够从无到有的，一要得其道，二要经常地练习，练习到成习惯，才算有了这种能力。写作能力是一种"心智技能"，它包括感知、记忆、想象和思维，以思维为主要成分。它不是人生来就有的，必须经过训练才可能逐渐形成。因此，经常训练就成了形成写作能力的主要途径。学生要养成的写作习惯主要包括三个方面：第一，善于获取和积累材料的习惯；第二，认真构思，不写提纲不写作的习惯；第三，不断修改的习惯。人的行为习惯总是在一定的行为过程中逐步养成的。要形成良好的写作习惯，首先要勤写。其目的是让学生不感到写作文是负担。作文写得多了，学生创作时的焦虑感就会逐渐消失，疲劳感也会相对减少。这个时候写的习惯就已初步形成。习惯有好坏之分，一部分学生在义务教育阶段已形成了不少不良的习惯，因此，教师应在目标设计中运用强化手段，对学生的练习进行定向控制和改进。强化的作用和目的在于通过各种手段和方法的刺激作用，让学生保持其良好的创作习惯，同时把他们的不良习惯转化为良好习惯。

（二）写作教学策略设计

教学策略是指教师为实现教学目标和教学意图而采取的一系列具体的问题解决行为方式。这种行为既有教师直接导向教学目标的行为，又有解决教学情境问题的行为，还有管理方面的行为。写作教学策略主要包括对教学过程、教学内容、教学方式、教学媒体、教学组织形式的策划与选择。如果说教学目标在教学设计中解决的是"教什么"和"学什么"的问题，那么教学策略要解决的就是"如何教"和"如何学"的问题。后者有时往往比前者更复杂、更难把握。因为教学策略的设计直接涉及教学活动的具体操作，它要求教师不仅具备扎实的专业知识，更要拥有教育工作者的智慧，即善于通过不同的方式、不同的途径引导学生学习。

语文教学应激发学生的学习兴趣，注意培养学生自主学习的意识和习惯，为学生创设良好的自主学习情境，尊重学生的个体差异。写作教学策略的选择应着眼于贴近学生生活实际，引导学生观察生活、热爱生活，充分发挥学生写作的自主性、能动性和创造性。

1. 开放策略

现代语文教学观认为，语文教育的外延等于生活的外延，语文教学要充分表现出开放的特点。所谓开放的写作教学，指教师不预设刻板的教学目标，不勾画教学流程的运行轨迹，不套用死板的评判标准，而让学生有充分显示个性与才能的自由天地，在学得知识、掌握技能的同时，得到个性和思维发展。

（1）构建开放的写作平台

写作是最具有开放性的，囿于课堂的写作教学必然是失败的。教师应积极创造条件，引导学生走去认识、感受丰富的生活，不断扩大写作领域。教室之外，图书馆、阅览室、体育场以及风景名胜、农贸市场等，都可以成为学生主动求知、感悟生活的课堂。有条件的学校，还可开辟网上阅读空间，加大知识容量和信息密度，让四海风云、五洲波澜汇聚于学生眼前，培养学生开阔的视野，纵横综合的思维和恢宏博大的胸襟。总之，写作教学的门可以开得大一些，让五彩缤纷的生活成为每个学生写作的源头，让本应充满生命气息的写作走出传统的训练樊篱，再现其亮丽的色彩。

（2）采用开放的命题

下列这些命题方式都可具开放性。

①命题作文

这里说的命题作文不是那种以观点为标题的命题作文，而是一种以范围为标题的命题作文。如"习惯""我看网络"等，都是开放性的。

②半命题作文

这种命题作文的标题中留有空格，学生要先填空，再创作，由于可填的内容很多，因此也具有开放性。如"＿＿＿在召唤""生活有了＿＿＿，才显出美丽"等。

③续写

固定一句话作为文章开头，要学生续写下去。显然所续写的内容必须与文章开头保持内容一致、风格一致。由于所续写的内容形形色色、五花八门，也形成试题的开放性。例如"蜗牛顶着沉重的壳，艰难地向前爬着"，请以此为文章开头写一篇文章，自选事件，自命标题。

④新概念作文

由实物展开联想，或编故事，或发议论，或抒情。这种试题也具有开放性。例如，教师给学生一张涂有黑点的白纸，问学生看到了什么，然后让学生写作文。学生可由此联想到人生污点，强调要"慎始"；也可由此联想到某种"自悲"——因为某个缺点而自暴自弃，看不到还有一张大白纸，还有更多优势；还可以由此联想到主流与支流的关系，没有白纸的"白"，也显不出黑点的"黑"；等等。

⑤研究性作文

这类写作所给的情境材料是没有固定结论的，可以见仁见智，因此具有开放性。例如试题"在人生路上有人主张追求，有人主张放弃，你以为如何，谈谈你的感悟或认识"。这道试题学生选择的余地很大，能自圆其说就行。

当然，具有开放性的试题远不止以上几种类型，只要能以人为本，有利于学生说真话、表真情、达真意就行。只是试题的开放是有限的，因为无限度的开放容易造成大量虚构、抄袭现象，这显然是不可取的。

（3）拓宽学生的思维空间

创新是写作的灵魂，是学生彰显个性、充分发挥个人才智、体验写作快乐的关键。创新就是要突破旧思想、旧观念、旧规划，重新构建开放的、发散的思维形态。这就需要教师创设民主化、个性化的思维场景，营造宽松和谐的思辨氛围，让学生勇于怀疑既成定论，勇于否定既有定律；需要教师引导学生从不同角度、不同观点、不同层面去思考同一问题，获得不同的感受和体验，丰富写作思维的内涵并找到独创的新意；需要教师引领学生打破惯性思维，从习焉不察的生活素材中挖掘烁烁意蕴，从貌似平凡的社会现象中提炼出振聋发聩的启迪。总之，写作教学就是要引导学生将正面与反面、纵向与横向、发散与聚敛等各种对立统一的思维方式有机地融为主体动态式思维结构，从而最大限度地扩展其的思维空间。

2. 少讲多写策略

写作能力是写出来的，而不是讲出来的。写作能力的形成和提高主要是靠写作实践。实施少讲多写的写作策略，就是让学生在写作中学会写作。在进行写作教学时，语文教师不要对写作规范讲得太多，讲多了反而束缚学生的手脚，使其不会写文章。比如，语文教师可要求学生每天写一篇 500 字的有题目的日记。学生在经过一段时间的日记写作之后，必然会和日记建立深厚的感情，把日记当作自己的良师、伙伴、最知心的朋友。有了欢乐告诉日记，欢乐便增加了一倍；有了苦恼向日记倾诉，经过日记的"劝说"，心中便没有了苦恼。一旦养成写日记的习惯，写作就会成为学生的一种人生需要，而这正是写作教学所追求的一种最高境界。

既然写作能力不是讲出来的，那么语文教师讲与不讲是不是一样呢？答案是不一样。事实证明，在作文指导得好的教师手下与在指导不得法的教师手下，学生的写作水平会有很大差距。应该肯定的是，语文教师给学生讲授有关写作的知识，对提高学生的写作能力是有益的。语文教师的讲授会使学生写得更科学、更系统，少走弯路。但是语文教师的讲授绝对代替不了学生的实践，教师讲得再好，学生不动笔，照样写不好文章。

认识到"作文不是讲出来的"，不是在逃避责任，恰恰是要告诉语文教师，在提高学生写作能力上，教师应该尽到哪些责任。教师应尽的责任是，激发学生读书和写作的兴趣，让学生在兴趣中"写"，在"写"中学会写作。

3．指导全程策略

写作是一个由取材、构思、起草、修改等环节构成的完整过程。有效的写作指导应当贯穿学生写作的整个过程，包括写前指导、写中指导和写后指导。

（1）写前指导

写前指导指教师通过各种方式帮助学生准备写作材料和培养学生的构思能力。比如，语文教师组织学生就要写的题目或题材分组讨论，讨论不是漫无边际地乱谈一通，而是根据语文教师或教材拟定的具体问题展开讨论。如果是记叙文则围绕：第一，表达什么样的情感和思想；第二，想写哪些内容；第三，每部分写什么事情；第四，以什么样的顺序安排这些材料；第五，运用何种表达方式及何种语言；等等。小组讨论时人人发言，做好记录。各人发表意见后再对上几项做出决定，使人人胸中有数。当然这种讨论不应把大家意见统一到某个标准模式上，应尽量多样化。教师进行写前指导时要努力激发学生写作的兴趣，让学生有写的愿望，有东西可写。

（2）写中指导

写中指导，主要是指教师在学生写作过程中指导学生自行修改和相互修改。这是过去作文指导被忽视的一个环节，而这一环节是培养学生写作能力的一个重要方面。写中指导较写前指导和写后指导具有更实际的意义和价值。因为写前指导只是帮助学生明确写作意图、准备写作材料，而这些与最终作文的写成并不完全相同。教师只有在写成的作品里，才能发现学生作文有哪些不足；学生只有通过自行修改和相互修改，才能亲身体会文章该怎么写。后者是在写后指导环节中无法实现的。一般情况下，学生在作文批改讲评后，只是注意教师的评语如何，很少再去修改已给出分数的作文。写中指导的另一个重要作用就是使学生养成重视修改的习惯，学会修改自己创作的作品。

（3）写后指导

写后指导指的是教师的批改和讲评。尽管在写作中有学生自行修改和相互修改的过程，但学生的写作水平和理解能力毕竟是有限的，他们仍然需要教师的指导。因此，写后指导这一环节不能被忽略或应付了事。

总的来说，作文批改要把握三点：一是注意引导，以鼓励为主。写作是极其复杂的精神劳动，写作能力的提高也要有一个过程。教师批改作文时要尊重学生的精神劳动成果，善于发现每个学生的进步、每篇文章的长处，并给予鼓励。二是批改要有侧重点。教师批改既要顾及作文的整体，又要有所侧重。教师进行作文批改时，可根据训练目的、指导重点、集中解决一两个问题。三是严格要求、循序渐进。写作指导是给学生以"规矩"，批改则是检查符合"规矩"的情况。

作文讲评是一次写作训练的总结，其目的在于比较优劣，查找根源，指明方向。讲评要尊重教学规律，以鼓励赞赏为主，充分肯定学生创作作品的成功之处，鼓励学生上进奋发，让他们对下次写作充满成功的期待和信心。作文讲评一般有几种方式：第一，综合讲评。这是讲评最常用的方式，一般是对全班作文进行分析总结，指出共同的优缺点，选读分析有关作文，并分层进行表扬。第二，专题讲评。抓住作文中普遍存在的一两个主要问题，针对实例进行讲评。第三，典型讲评。可选两篇优秀习作印发给学生，让学生根据训练要求、评讲的意图进行讨论。

作文的批改、讲评是写作结果的反馈，它需要师生共同参与，如此才能产生实效。

4. 以读促写策略

阅读是写作的基础。书中蕴蓄着极其丰富的精神宝藏，多读书、读好书，不仅可以开阔视野、陶冶性情、积累精华、博采众长，还有助于观察世界、体味人生，从而充实自己，日久天长，潜移默化，写作水平自然会提高。所以写作教学的改革，除了要着力丰富学生的生活，还要努力增加学生的阅读量。

要想增加学生的阅读量，首要的任务是培养学生的阅读兴趣。阅读兴趣并不是天生的，要靠教育、靠启发、靠培养。首先，教师要晓之以理，让学生逐步懂得广泛阅读是自身健康成长的需要。其次，教师要动之以情。教师要经常向学生推荐优秀读物。推荐时不停留在介绍书名、作者、故事梗概，而是选择其中精要、精彩部分，如哲理名言、刻画传神之处、妙语连珠的段落等，剖析，咀嚼，让学生动心、动情，使学生产生浓厚的阅读兴趣。最后，让学生自己推荐读物，自己谈阅读体会，产生"移趣"作用，使不爱阅读的学生逐渐喜欢上阅读。

第三节 培养写作创新思维能力的实践策略

一、培养学生写作创新的兴趣

学习兴趣是学习动机的一个重要心理成分，它是推动学生探求知识和获得能力的一种强烈愿望。培养学生写作创新思维，同样要从激发学生兴趣入手，而激发学生写作创新兴趣最有效的手段，就是让学生在运用创新思维进行写作的过程中获得满足感和成就感。

（一）适度激励写作创新之举

高中生自我意识比较强，强烈渴望得到外界的爱与尊重。如果教师能抓住学生思想和行动的创新点，给予及时、适度且客观的肯定，就会激发学生的创新欲望，引导学生向预期方向发展。反之，如果教师忽视写作的创造性评价，就会抑制学生创造性思维的正常发展，从而导致写作的不良结果。因此，教师要以赏识的态度做好作品评价，对学生作品中表现出来的创新点，要给予及时的肯定。

1. 精心设计批语

教师的激励，不是夸大其词的赞美，而是恰到好处的认可。对于好文章，要肯定优点，指出缺点，同时要提出更高的要求；对于一般的文章，要适度引导和鼓励，让学生知道努力方向；对于较差的文章，要少苛责，维护学生的自尊，帮助其逐步改进。

2. 巧妙打出鼓励分

教育要让学生头顶永远有一个"跳一跳就够得着的苹果"，教师给学生的评语和分数，就是学生心中的"苹果"。学生在写作方面久经训练，却不见起色时，就会丧失热情，产生畏难与恐惧心理。衡量学生写作优劣的最直接的标准，就是教师打出的分数。教师要善于把分数作为激励手段，对于表现优秀的学生，打出的分数要客观，在不伤害学生积极性的前提下，有时可以压一压，不让这部分学生产生骄傲心理；对于表现不够好的学生，要设置好评分底线，因人、因文章而异，区别给分，原则上要在学生"跳一跳够得着"的情况下，设定好分数上浮空间，让他们感受到进步的快乐，预见到再次进步的可能。通过分数激励，学生的写作主动性会提高，创新思维会逐渐活跃起来。

3. 认真上好讲评课

一节优质作品讲评课，不是流于形式的优秀文章展示课，也不是教师卖弄才华、居高临下、生硬刻板的教导课和批判课，而应是轻松融洽、生动活泼、富于启发性和生成性的好课。教师讲评要紧紧围绕创新点，从构思立意、谋篇布局、语言表达、思维表现、书写工整度等多角度进行。课前教师可以写下水作文，通过自己的作文实践让学生体会到写这样的作文时，哪些地方好处理，哪些地方不好处理，从而给予学生更多的帮助。课上教师要注意师生之间、生生之间的良性互动，不求意见统一，但求各抒己见。教师要对学生富有创新性的表现给予及时肯定，即使是对表现得较差的学生，也要对其相对较好的词句、语段等进行肯定。教师要真正把讲评课当作经验交流课，让学生在轻松愉悦的氛围中，活跃思路，开拓创新。

（二）引导体验写作创新之乐

从心理学的角度看，学习兴趣是在因不断进步而产生的成就感中积累起来的，学习成就可以促使学生产生新的学习需要，进而持久坚持下去。在写作教学过程中，教师要采取有效措施，使学生感受到写作创新的成就感，对运用创新思维创作文章满怀期待。以下方法不妨一试。

第一，以学校、学年、班级为单位，举办不同层次的写作竞赛，如高水平写作竞赛、优秀写作竞赛、最佳进步奖写作竞赛等。还可依据文体、专题等来开展，如开展专题创新写作竞赛等。要尽可能扩大参与面，让更多同学感受到写作的乐趣。

第二，创办校内专刊，各班级以周或月为单位，定期推荐优秀作品，定期刊发，力争让更多的学生体验成就感。

第三，在班级设立优秀文章展示栏，定期评选，不断更新，以此来激励学生。

第四，鼓励学生向各级各类刊物投稿，对发表作品的学生要及时祝贺。用典型示范作用，鼓励学生树立信心，引领更多的同学踊跃投稿。

二、打破惯性思维

通过写作教学培养学生创新思维能力，可以从培养和训练学生的辩证思维、形象思维、发散思维和灵感思维四个方面入手。

（一）培养辩证思维

辩证思维指的是运用辩证思维规律进行的思维。辩证思维属于哲学中的唯物辩证法范畴，是以一切事物的客观联系为基础，对世界进行认知并在思考中以动态发展视角认识事物的思维方式。

1. 对立统一，一分为二

矛盾律是唯物辩证法的实质和核心。事物都是由矛盾构成的，因此，人们要用对立统一、一分为二的观点来分析问题。在实际教学中，开展专题辩论是训练辩证思维的有效形式。无论是辩手还是观众，都可以在辩论中全面认清事物，强化辩证思维。教师还可以进行针对性写作训练，反复强化对立统一、一分为二分析问题的意识。可借鉴的话题有"能否以成败论英雄""学会放弃与不要轻言放弃"等。

2. 联系与发展

矛盾对立统一的属性，决定了事物是普遍联系的，同时，一切事物都处于不断的运动变化和发展中。在实际教学中，教师可通过引导学生多关注时事新闻和社会热点，指导学生学会用联系与发展原理分析社会现实问题。比如可组建调研小组，对生态环境、饮食交通、教育医疗等课题进行研究，对发展趋势做出预判，发现问题并研究出应对措施。教师还可精心设计专项写作训练题，提升学生的思维能力。可选的命题有"水的灵动，山的沉稳""假如记忆可以移植"等。

3. 透过现象看本质

现象是事物的外部表现，具体可感，灵活易变，丰富多彩。本质是事物的根本属性，要通过思维获取，相对稳定，深藏于内。

在实际教学中，教师要教会学生运用联系与发展观点分析问题，可以指导学生善用追问法，养成"打破砂锅问到底"的习惯，一般三个问题就可以由浅入深触及本质；还可定期组织学生针对国际时事、社会热点以及学生感兴趣的话题开展讨论，通过讨论深化认识，发现真相；还可设计专项写作训练题，通过写作训练提升学生分析问题的能力，可借鉴的命题有"选秀节目之我见""泪水背后的故事"等。

4. 内因与外因

内因是事物的内部矛盾，是事物存在的基础，影响事物的存在和发展；外因是事物的外部矛盾，是事物存在发展的外部条件，通过内因起作用。实际上，语文写作教学可与政治学科相结合，引导学生运用原理分析解决较为简单的现实问题；可选取坚持内外因相结合分析问题的有关文章，举办专项读书交流会，在欣赏之余，指导学生深入思考其中的辩证关系，深化认识；可就"走自己的路，让别人说去吧"与"常问路的人不会迷失方向"两句话谈看法，可以"学会说不"等话题开展写作专项训练。

（二）促进形象思维

形象思维是由人的右脑所主导的，建立在形象联想基础上的一种思维形态。形象思维的运行过程，可以简单理解为，人们通过对具体或抽象事物的认知，在个人经验、阅历、情感等因素作用下，有意或无意进行创造性加工形成的较为形象而具体的新事物的过程。想象与联想是促进形象思维的关键。

想象是人们在头脑中对现有事物塑造新目标的过程。联想是指从一种事物的概念、方法、形象想到另一种事物的概念、方法、形象的心理活动。当前很多学生执笔无言、行文空洞的原因之一，就是缺乏想象与联想能力。

语文教师可通过持续的想象与联想专项练习，让学生的想象与联想能力得到提升。教师还可针对相关联想或相似联想，要求学生由指定对象的相关属性，自然想到关联事物，进行关联训练。比如由教师想到学生、教室、书本，由水想到火等。教师也可把毫无关联的事物放到一起，让学生发挥想象，合情合理连缀成篇，以此强化学生的想象与联想能力。此外，选取适合的课文进行角色朗读训练，表演课本剧，对教材有关内容进行改写、续写和扩写等，也是培养想象与联想能力的好方法。

（三）引导发散思维

发散思维是指充分发挥想象，多元探求问题答案的思路和方法的思维形态。发散思维具有灵活性、开放性和创造性的特点，可以冲破固有束缚，不断取得新的、富有创造性的发现。在教学中，教师可以采取以下方法有意识、有针对性地培养学生的发散思维。

1. 一物多思法

即教师在教学过程中，随机选择某物作为思维发散点，引导学生尽可能大胆想象，创造出众多的新形象、新思路。比如，当看到学生不小心打破杯子时，语文教师就可以此为契机，适时运用一物多思法，让学生从不同学科角度对这一事件加以联想与想象，并展开写作。

2. 一事多议法

即以课文中某个易于触发议论的话题或社会生活中的热点问题为出发点，引导学生自由思考，充分讨论，产生多种合理解释的方法。这一方法可以使学生的集体发散思维得到训练。

3. 一文多写法

对于同一道作文题，学生可采取多种不同写法，达到突破常规、另辟蹊径的效果。一文多写是发散思维在创作中的运用。为了培养兴趣，可以把写作要求降低到写一段话的程度。训练过程可以三种形式进行：一是根据自己思考的不同角度各写一段话；二是运用议论文、记叙文、散文甚至诗歌等不同文体各写一段话；三是按照自己所想到的不同篇章结构，各写一篇小文章。

（四）涵育灵感思维

灵感思维是在一种积极的、爆发式的心理状态下产生的思维状态。灵感思维具有随机性、突发性、瞬间性、突变型等特点，呈现出独一无二的特异性，因而灵感思维产生的结果，是真正的创新与突破。结合灵感思维产生的条件与机制，教师可从以下方面来培养学生的灵感思维。

1. 用生活来培植灵感

学生只有走进生活，才能最终实现灵魂深处"潜意识"与客观生活"显意识"的有效对接，产生难能可贵的灵感。教师要引导学生关注生活，不必费尽心机去创造条件，最重要的是要培养学生善于发现与观察的习惯。"处处留心皆学问，人情练达即文章。"教师只有把课内学习与课外实践自然有机地结合，才会促使学生在与生活的接触中产生灵感。

2. 用知识来孕育灵感

灵感的产生与个人的知识经验关系密切，而知识积累最有效的方式就是读书。语文教师要指导学生多读书、读好书、会读书。教师除了要抓好必修教材教学外，也要抓好选修教材的阅读教学。教师还要精选部分课外经典作品，制定选择性阅读书目，拓宽学生的阅读视野。在读书方法上，可借鉴"朱子读书法"，即循序渐进、熟读精思、虚心涵泳、切己体察、着紧用力、居敬持志。同时，倡导批阅式读书法，即在读书时，及时将所思所感记录在册，通过批阅式阅读，深化思想认识，提高灵感发生的概率，并能瞬间捕捉到思维的火花，达到"读书破万卷，下笔如有神"的效果。

3. 用情感来激发灵感

饱满而强烈的情感是灵感产生的向导。教学中培养学生情感的方式有很多，最直接有效的就是情境教学法。以亲情类文章为例，讲授之前，可播放有关亲情的散文诗、生活中的图片、视频等，让学生进入情境。课上，教师可以结合自身经历对学生进行情感熏陶。

4. 用思考来创造灵感

思考是灵感之花栖居的枝丫，没有思考就不会产生灵感。培养学生善于思考的习惯，不能急于求成，可先在"悟"上下功夫，由浅入深进行。教师要让学生明白，灵感不是急迫焦躁就能产生的，往往辛苦思索的问题，在相对放松的瞬间更易于产生解决的良策。教师要在课堂"启悟"上下功夫，培养学生善于思考的习惯；要善于采取层进式追问法，使学生思维不断延展，催生出更多思考结果。

5. 用习惯来积累灵感

灵感稍纵即逝，捕捉灵感的最好方法，就是把握好一个"随"字，即随时随地随手记录。教师要指导学生做到笔不离手、本不离身，把阅读中引起情感共鸣的诗词语句、辛勤思索的真实感悟、顿悟的心路历程记录下来，记录的过程是思维结果再现和深化的过程，是思维锻炼的有效方式。

三、开辟创作的新路径

作文要打破模式化，就要突破各种固有思维禁锢，在内容与形式方面努力探索，不断开辟创作的新路径。

（一）审题立意求新

学习写作不单是在空白的稿纸上写上一些字句，更重要的还在于学习思想。这里所说的"思想"，首先应体现在文章的审题立意上。审题立意是创作的运笔之先，创作要先审题，后立意，再行文。审题就是要全面理解作文命题的内容与要求，认真分析出所涉内容的内涵及外延，明确命题意图和行文要旨，以求精准立意的过程。审题是创作的第一步，是立意的先导。立意是在审题基础上，对文章主旨的明确与建立，实际上就是确立文章主题的过程。由于主题在文章中是核心的、本质的东西，是由文章中的所有思想、材料概括集中而形成的产物。因而立意恰当与否决定着文章的优劣。因为审题与立意前后相继、密不可分，都对创作发挥基础性作用，这里把二者作为整体来研究。

审题立意不求标新立异，而求合情合理，尽量做到"发人之所未发，见人之所未见"，尽量达到与众不同，又超出一般。

1．要敢于批判质疑，逆向立意

从辩证法来看，事物的发展往往都是肯定中蕴含着否定，而否定中又交织着肯定，肯定与否定间是辩证统一的。在面对具体的命题时，如果只从正向顺势思维，则未必能发现事物的全貌；如果能反其道而行，则可能别有洞天。

运用逆向思维，可发现新的立意视角，提高文章的思想性。但在逆向立意过程中，一定要遵循合理和适度的原则，不能为追求新异而发偏执悖论，要有感而发，弘扬并传播正能量。在教学中，教师可以组织学生围绕"有志者事竟（未必）成""名师（未必）出高徒""开卷（未必）有益"等展开辩证分析，培养并提高学生逆向思维、求异思维的能力。

2．要运用多向思维，拓新立意

多向思维即发散思维。多向思维立意过程，就是从多个符合题旨的立意筛选出最佳立意的过程。通过发散思维，会生发出众多立意，优中选优，文章就会独具特色。在教学中，教师可选择便于发散思维的写作材料，进行专项训练，拓宽学生的写作思路。

（二）构思匠心独运

文无定法，好文章源于好构思。所谓构思，就是继立意之后，对文体选择、结构安排、表现形式、材料取舍、过渡衔接等文章创作的相关环节进行预案设计，是执笔前对写作思路的梳理过程。对学生来讲，要充分发挥创新思维，努力在构思方面突破常规，寻求新意。

1．寻求文体创新

文体是指文章的体裁，反映了文本从内容到形式的整体特点。常见文体既包括议论文、记叙文、散文、诗歌等文学体裁，也包括书信、日记、报告等应用文体。学生应具备不同文体切换的能力，扬长避短，写出新颖而满意的作品。

在教学中，教师还可尝试引导学生创作专业文体。凡能与写作立意扣合、与文本内容契合的专业文体形式，如病历诊断书、新闻稿、寻人启事、创意广告等，都可以借来运用，由于别出心裁、构思精妙，往往能取得出奇制胜的效果。

2．故事新编

故事新编就是对人们熟悉的经典故事，在原有情节基础上再创作、再加工，即对原故事进行改写、续写，或借用历史人物、经典形象来表达现实生活的内容和主题。故事新编要讲究一定的原则。故事要选择耳熟能详、能引起共鸣的，过于陌生的故事，达不到温故知新的效果。"新编"内容要围绕写作立意进行，要有明确的线索，使故事中的人物及情节为中心思想服务，还要尊重原作，适当改编，不能恶意歪曲原作的价值。

故事新编往往具有借古讽今、以古喻今的作用。从形式上，可通过情节变形、时间变形和人物变形等方式来实现。故事新编因其特有的形式、新奇的构思、出人意料的表现方式，成为考试作文中获得高分的利器。

(三) 语言表达创新

1．巧用诗文名句

诗文名句的运用分为引用和化用两种。引用又分明引和暗引。明引，即点明名句的出处和来源；暗引，就是把名句直接纳入行文中，作为行文的组成部分，前后自然衔接。教师要指导学生在引用名句时，把引文含义与行文需要结合起来，并对引用内容进行艺术化加工，产生饱含智慧、富有创新特色的语言风格，进而使文章语言美，意蕴深。

2．潜心锤炼字句

语言的修改与锤炼有两个层次：一是纠正弥补失误，二是打磨润色词语。既然是锤炼语言，就应让学生明确锤炼的办法和方向。首先，教师要指导学生发现不足，省察哪些文句尚需锤炼；其次，教师要指导学生对照教材中的经典篇章，分析出文句之妙，由效仿入手，对自己的文章进行加工润色。

3．追求句式灵活

现代汉语的句式极其丰富，常见的句式有肯定句与否定句、主动句与被动句、长句与短句、常式句与变式句、单句与复句、口语句与书面语句、整句与散句等。灵活运用句式，就要追求整齐与变化相结合。整齐就是追求句式的整齐对称。句式整齐在文中的体现，主要是指恰当运用对偶与排比。教师要指导学生会拟写简单的对偶句，熟练运用排比句，使文章具备匀称的形式、和谐的音韵和贯通的气势。

变化也可以产生美。在同一段话中，运用词语要尽量避免重复，即使是表述同一含义，也要尽量用同义词代替。同时，要注意句子的变化。教师要指导学生能熟练运用长短句、单复句、整散句等。灵活运用句式，会使文章灵动而活泼。

句式运用的最高境界是在整齐中求变化。教师要鼓励学生使用较为整齐的规范句式，同时融入变化元素，使句式灵动自然、起伏跌宕、摇曳生姿，使文章富于灵秀之气和充满个性。

4. 善用修辞手法

一般来说，学生应正确运用的修辞手法有：比喻、借代、比拟、夸张、对偶、排比、设问和反问等。任何修辞手法都有其独特的作用，若能合理运用，就会使文章熠熠生辉。

(四) 反映时代新风

要使学生的写作内容反映时代变化，就要引导学生关注生活变化、关心时事发展。第一，教师要培养学生关注时代发展的意识。教师要引导学生关注时政要闻、新闻热点、典型事件，讴歌时代新风，颂扬美好生活；同时，要引导学生分析社会现象，反思社会问题，使学生能够透过现象看本质，发表中肯建议。第二，教师要为学生关心时事创造便利条件。教师可为学生征订时评、社论类刊物，也可让学生轮流搜集时政热点，增长学生见闻。第三，教师要为学生精心设计专项训练，比如组织学生就社会热点问题展开辩论或演讲，选择时代性较强的话题进行写作训练，增强学生关注时代发展的意识，使学生写出时代感强、立意新颖、站位超前的创新写作。

参考文献

[1]程志伟.多维度高中语文教学方法探索[M].长春:吉林人民出版社,2022.

[2]关在龙.高中语文项目式教学实践研究[M].济南:山东科学技术出版社,2020.

[3]何国跻,王亚生,陈姝睿.高中语文有效教学系统构建[M].长春:吉林大学出版社,2019.

[4]李慧洁.高中语文阅读教学质量提升策略研究[M].长春:吉林人民出版社,2019.

[5]李树泽.中华优秀传统文化与语文教学[M].哈尔滨:黑龙江人民出版社,2018.

[6]李新武.高中语文整本书阅读金钥匙:学术著作卷[M].济南:济南出版社,2022.

[7]李嫒嫒.语文学习与学生语文能力培养研究[M].长春:吉林人民出版社,2021.

[8]刘凤英.现代高中语文课堂教学艺术研究[M].长春:吉林人民出版社,2020.

[9]刘荣,付宜红.基于核心素养的高中语文教学[M].重庆:西南大学出版社,2021.

[10]罗黔平.高中语文课堂教学实践与探究[M].长春:吉林大学出版社,2020.

[11]马英,盛银花.语文教学设计与实施[M].武汉:华中科技大学出版社,2022.

[12]宋学婷.高中语文教学内容的整合运用研究[M].长春:吉林人民出版社,2019.

[13]孙立华.基于核心素养的语文教学实践[M].北京:线装书局,2022.

[14]唐秋明.个人学习环境构建:高中语文学习障碍点突破的新途径[M].上海:上海社会科学院出版社,2019.

[15]王家伦.语文教学的"平民"建构[M].南京:东南大学出版社,2017.

[16]王进.基于新课程标准的高中语文教学研究[M].武汉:华中科技大学出版社,2021.

[17]王丽丽.核心素养下的高中语文教学研究[M].延吉:延边大学出版社,2019.

[18]王萍.基于心理学原理的语文教学设计[M].广州:广东高等教育出版社,2018.

[19]吴音莹.高中语文选修课学生个性的实现[M].长沙:湖南师范大学出版社,2017.

[20]许纪友.语文教学的哲学与诗意[M].芜湖:安徽师范大学出版社,2022.

[21]姚家全.高中语文专题教学初探[M].上海:上海三联书店,2020.

[22]余琼英.高中语文阅读与写作重难点指津[M].昆明:云南大学出版社,2021.

[23]张二艳.语文教学与教学心理[M].成都:电子科技大学出版社,2017.

[24]张丽佩.语文教学与传统文化研究[M].长春:吉林出版集团有限责任公司,2022.

[25]张丕友.高中语文教育教学的实践与反思[M].长春:吉林教育出版社,2022.

[26]郑艳.中学语文教学设计[M].重庆:西南大学出版社,2017.

[27]钟翠婷.高中语文"整本书阅读"教学研究[M].长春:吉林人民出版社,2019.

[28]朱香平.高中语文教学思考与实践[M].福州:福建教育出版社,2020.